Jai

El código para una vida extraordinaria

Zury Esses

Jai *El código para una vida extraordinaria*

ISBN: 978-607-29-8935-1

Diseño de portada: Fhil Navarro

Primera edición, 2026
Impreso en México / Printed in Mexico

ÍNDICE

DEDICATORIA

• • •

A Dios.
Antes que nada y después de todo.

A mi esposa y mis hijos,
mis mayores razones para escribir este libro.

— א —

APERTURA

ANTES DE EMPEZAR

Este es mi código. Lo construí con lo que me dieron mis padres, mis hermanos, mis amigos, los que se atrevieron a decirme verdades incómodas… y sobre todo con mis errores, que fueron los mejores maestros de todos.

No es perfecto. No tiene que serlo. Es solo la base desde donde tú puedes construir el tuyo.

Si algo te sirve, úsalo. Si algo no te convence, cuestiónalo. Lo único que te pido es que no te quedes aquí: que esto sea cimiento, no techo.

No sé cómo llegaste a este libro. Pero no llegaste por accidente. Aquí empieza.

¿QUIÉN SOY YO PARA ESCRIBIR UN LIBRO?

• • •

No soy quien debería escribir esto. Y probablemente esa es la razón por la que debo hacerlo.

No soy escritor. No soy filósofo. No soy conferencista. No tengo un doctorado ni una plataforma con millones de seguidores. No tengo ninguna credencial que me dé permiso de estar en estas páginas.

Soy un hijo. Un padre. Un esposo. Un empresario que construye todo desde cero — con más errores que aciertos, más cicatrices que trofeos. Un hombre que busca todos los días ser mejor de lo que fue ayer.

Y sin embargo, hay una voz que durante años me dijo lo contrario. "¿Quién te crees? ¿Qué vas a enseñar que no se haya dicho? Ya hay miles de libros mejores que el que tú podrías escribir. No te expongas. Quédate callado".

Pero hay algo más fuerte que esa voz. Una pregunta que apareció un día y nunca se fue. Una pregunta que me persigue cuando me despierto, cuando me quedo solo, cuando veo a mis hijos.

¿Para qué estoy aquí?

No me refiero a la pregunta filosófica que se discute en las universidades, sino a la que te golpea cuando todo está en silencio y no hay a quien impresionar. La que aparece detrás de cada logro y debería hacerte sentir pleno, pero no lo hace. La que te mira desde el espejo y no te deja en paz.

Yo la evité durante años. Producía. Resolvía. Proveía. Todo avanzaba. Todo se veía bien. Pero adentro había algo que no encajaba. Una inquietud sin nombre.

Hasta que un día no pude más. Y me detuve. ¿Quién soy cuando nadie me ve? ¿Lo que construí me hace libre o me tiene atrapado? ¿Les estoy dando a mis hijos lo mejor de mí — o estoy tan ocupado construyendo su futuro que me estoy perdiendo su presente?

Esas preguntas me rompieron. Y me reconstruyeron.

No tengo autoridad para enseñarte nada. Lo que tengo es un camino — recorrido con todo, pagado, completo, sin atajos y sin descuentos. Y tengo algo que no puedo callar: si no escribo lo que descubrí, mis hijos tendrán que esperar treinta y siete años para encontrarlo solos. Y más allá de mis hijos — si una sola persona abre estas páginas y se hace una sola pregunta que le cambie la forma de ver su vida, entonces valió la pena exponerme.

No escribí esto para que te sientas bien. Lo escribí para que te hagas las preguntas. Para que mires tu vida con los ojos abiertos y decidas si es la vida que quieres — o si es la vida que te fuiste dejando pasar.

Jai significa vivo/vida en hebreo. Su valor numérico es 18 — el mismo número de principios que forman el corazón de este libro.

Todo lo que vas a leer lo viví. Lo pagué. Y nada de esto hubiera sido posible sin algo más grande que yo guiando cada paso.

EL ENEMIGO

Hay algo dentro de ti que no quiere que leas este libro.

No lo vas a sentir como una amenaza. No se presenta así. Se presenta como razón. Con lógica. Como esa voz tranquila que te dice: "Para qué te complicas. Estás bien. Las cosas funcionan. No necesitas cuestionar nada. No necesitas cambiar nada. No necesitas buscar nada. Estás cómodo. Así estás bien".

¿Verdad?

Esa voz te conoce mejor que nadie. Sabe exactamente qué decirte para que no te muevas. Sabe cuándo estás a punto de tomar una decisión valiente y te susurra: "Espera". Sabe cuándo estás a punto de cuestionar cómo vives y te distrae con algo urgente que en realidad no importa. Sabe cuándo estás a punto de ser honesto contigo mismo y te ofrece una excusa perfecta para no serlo.

Es brillante. Paciente. Incansable. Y ha ganado durante toda tu vida.

Porque el Enemigo no necesita que hagas algo destructivo. Solo necesita que no hagas nada. Que sigas exactamente como estás. Que no te preguntes para qué estás aquí. Que no cuestiones si la vida que tienes es la vida que quieres. Que no te detengas un segundo a pensar si lo que haces todos los días tiene sentido o si simplemente lo repites porque así ha sido siempre.

La comodidad es su obra maestra.

Te construyó una vida que se ve bien desde afuera. El trabajo. La rutina. Los logros que puedes contar. Las cosas que puedes mostrar. Y te convenció de que eso es suficiente. De que buscar más es ingratitud. De que cuestionar lo que tienes es peligroso. De que la incomodidad de preguntarte si hay algo más profundo no vale la pena. Quédate aquí, te dice. Aquí es seguro. Aquí no duele. Aquí no tienes que enfrentar nada.

¿Sabes qué es lo más peligroso? Que parece que tiene razón. Ahí no duele. Ahí es seguro. Ahí no tienes que enfrentar nada.

Pero ahí tampoco estás vivo.

Porque lo sabes. En algún momento del día — tal vez de noche, cuando todo se calla y no queda nadie a quién impresionar, ni nada detrás de qué esconderte — lo sientes. Esa inquietud que no tiene nombre. Esa sensación de que falta algo que no puedes identificar. Ese momento brevísimo donde te preguntas: ¿esto es todo?

Y lo peor no es que no tengas la respuesta. Lo peor es que dejaste de hacerte la pregunta. La enterraste. La ocultaste con trabajo, con ruido, con logros que te mantienen ocupado pero no te mantienen vivo. Construiste una vida entera alrededor de no tener que enfrentar esa pregunta. Y funcionó. Hasta ahora.

Porque ahora la estás leyendo. Y no la puedes desleer.

El Enemigo te pide que no pienses. Que no busques. Que no preguntes. Te pide que aceptes la versión de la vida que ya tienes sin atreverte a imaginar la versión que podrías tener. Te dice que soñar en grande es ridículo. Que cuestionar tus creencias es peligroso. Que cambiar a esta altura es imposible. Que ya es muy tarde. Que es muy temprano. Que no es el momento.

Siempre hay una razón perfecta para no empezar. Y esa razón siempre viene de la misma voz.

La duda es su herramienta favorita. No la duda intelectual — esa es sana, esa te hace crecer. La otra. La que te paraliza. La que aparece justo cuando estás a punto de comprometerte con algo y te dice: "¿Y si no funciona? ¿Y si no eres suficiente? ¿Y si te equivocas? ¿Y si la gente se ríe?".

Esa duda no es protección. Es una jaula. Y tú llevas años confundiéndola con prudencia.

El Enemigo te convence de que eres el único que siente esto. Que todos los demás tienen las cosas claras. Que tú eres el que no sabe para dónde va. Te aísla. Te hace creer que tu confusión es debilidad. Que tus preguntas son la señal de que algo está mal en ti.

Cuando la verdad es exactamente lo contrario. Las preguntas son la señal de que algo dentro de ti todavía está despierto. Y eso es precisamente lo que el Enemigo no quiere.

Porque un ser humano que se hace preguntas es peligroso. Peligroso para la mediocridad. Peligroso para el *statu quo*. Peligroso para todo lo que depende de que tú sigas dormido. El Enemigo sabe que si un día te detienes — si un día de verdad te miras al espejo y te preguntas ¿cómo quiero vivir?, y te atreves a responder con honestidad — ya no te va a poder controlar.

Y aquí está lo que nadie te dice sobre el Enemigo: es dual. La misma fuerza que te limita es la misma que te puede liberar. El mismo impulso que te mantiene cómodo y dormido es el que, una vez confrontado, te empuja más lejos de lo que jamás imaginaste. Es el fuego que si lo ignoras te consume lentamente — pero si lo enfrentas te forja. El Enemigo es lo que separa una vida ordinaria de una vida extraordinaria. No porque exista en unos y en otros no — existe en todos. La diferencia es lo que haces con él. Quien lo obedece vive una vida segura, predecible, cómoda y vacía. Quien lo reta rompe sus propias limitaciones y descubre que, del otro lado del miedo, de la duda, de la comodidad — ahí es donde empieza todo lo extraordinario.

Conoces a este Enemigo. Lo has sentido toda tu vida. Has negociado con él. Le has cedido terreno. Le has dado la razón cuando sabías que no la tenía. Le has permitido convencerte de que la vida que tienes es la vida que mereces, pero en el fondo siempre supiste que podías más. Que querías más. Que fuiste hecho para más.

Este libro fue escrito contra él. Cada concepto, cada historia, cada reflexión es un paso más lejos de su control y un paso más cerca de la vida que sabes que es posible. El Enemigo va a querer que cierres este libro. Que lo dejes para después. Que lo leas a medias y digas estuvo interesante y no hagas absolutamente nada con ello.

Ahora dime algo.

Esa vida que tienes — la que construiste con tanto esfuerzo, la que se ve tan bien desde afuera, la que todos admiran, la que te da seguridad y comodidad y un lugar en el mundo — si pudieras verla con los ojos completamente abiertos, sin la voz que te protege de la verdad, sin las excusas que te inventas todos los días, sin el relato que te cuentas a ti mismo para poder dormir tranquilo —¿es realmente la vida que viniste a vivir?

No me respondas a mí. Respóndete a ti.

ESTO ES GUERRA

• • •

Ya conoces al Enemigo. Ahora la pregunta es si estás listo para enfrentarlo.

¿Estás preparado?

¿Tienes algo — lo que sea — que puedas usar cuando esa voz te despierte y te diga que no vale la pena? ¿Cuándo te susurre que ya estás viejo para cambiar? ¿Cuándo te convenza de que lo que tienes es suficiente y que pedir más es ingratitud?

¿Qué vas a hacer cuando venga por ti?

Porque va a venir. No mañana. Hoy. Ya vino mientras leías estas páginas. Ya te dijo que esto es exagerado. Que la vida no es una guerra. Que no seas dramático. Que cierres el libro y sigas con tu día. Y sonaba razonable. Siempre suena razonable.

Eso es lo que lo hace feroz.

YA ESTÁS PENSANDO EN DEJARLO PARA MAÑANA.

No pelea con fuerza. Pelea con dudas. ¿Y si pierdes lo que tienes? ¿Y si no puedes volver atrás? ¿Y si los que te quieren no te siguen? ¿Y si el precio es más de lo que puedes pagar? Cada duda suena como protección. Cada duda suena como prudencia. Pero no lo es. Es miedo con un buen disfraz.

¿Y tú crees que puedes ganar esa guerra sin un plan? ¿Sin armas? ¿Sin nada?

Esto es guerra. No es metáfora. No es dramatismo. Es la descripción más honesta que tengo de lo que significa vivir con intención en un mundo que premia la comodidad. Hay una fuerza que quiere que te quedes dormido — y hay otra que te pide que despiertes. Las dos luchan dentro de ti todos los días. Y cada decisión que tomas es una batalla que gana una o la otra.

La mayoría no sabe que está en guerra. Por eso pierde. No pierde con dolor — pierde con comodidad. Pierde con la ilusión de que todo está bien. Pierde sin darse cuenta de que perdió. Y cuando un día se detiene y mira su vida con los ojos abiertos, ya pasaron veinte años. Treinta. Y la voz que los mantuvo cómodos es la misma que ahora les dice: "Ya es tarde".

Pero no es tarde. Nunca es tarde para alguien que decide pelear. Y pelear requiere armas.

Yo lo aprendí de la peor forma: viví años sin ellas. Y no lo sabía.

Trabajaba. Proveía. Protegía. Tenía valores — los había absorbido de mi familia, de mi educación, de mi fe. Estaban dentro de mí. Pero no estaban escritos. No tenían nombre. Y sin nombre, no tenían fuerza. ¿Sabes qué pasa cuando no tienes un código? Otra cosa decide por ti. El miedo. La presión. La urgencia del momento. Lo que se siente seguro en vez de lo que sabes que es correcto.

Un día me hicieron una pregunta que no supe responder. ¿Qué es lo que más valoras? No lo que suena bien. No lo que quieres que otros crean de ti. Lo que realmente guía tus decisiones cuando nadie te ve.

Silencio.

Ese silencio fue el principio de todo. Llevaba años peleando una guerra sin arma. Tomando decisiones sin saber desde dónde. Construyendo sin saber para qué. Y el Enemigo operaba en ese vacío — en la ambigüedad, en lo que no tenía nombre, en lo que no estaba definido.

El día que me senté a escribir mi código, los valores no cambiaron. Siempre estuvieron ahí. Lo que cambió fue la claridad. De pronto sabía qué era negociable y qué no. Sabía por qué trabajaba. Sabía qué quería proteger y qué tenía que soltar. Las decisiones dejaron de ser batallas internas — porque ya estaban tomadas.

Un código no es una lista de buenos deseos. No son valores bonitos en una pared. Es un arma. La más poderosa que puedes cargar. Porque le dice al Enemigo: aquí no entras. Esto no se negocia. Sin código, improvisas. Y cuando improvisas el Enemigo gana — porque él nunca improvisa.

Yo no tengo todas las respuestas. Estoy en la misma guerra que tú. Llevo años peleando — y hay días que pierdo. Hay días donde la voz gana, donde la duda me frena, donde la comodidad me seduce. No te escribo desde la victoria. Te escribo desde la trinchera.

No va a funcionar. Nunca funciona.

Lo que viene en las siguientes páginas son las armas que yo encontré. Cada sección es una herramienta que la vida me obligó a construir. Cada principio es algo que adopté porque sin él me estaban ganando. Cada historia es una cicatriz que dejó una batalla — algunas las gané, otras no. Pero de todas salí con algo que antes no tenía.

Tal vez mis armas te sirvan. Tal vez necesites otras. Pero de algo estoy seguro: no puedes entrar a esta guerra con las manos vacías.

Lo que viene a continuación son mis armas. Encuentra las tuyas. Porque si no eliges tus armas, el Enemigo ya eligió las suyas por ti.

— I —

DESNÚDATE

NO TE LA QUITES.

TE QUEDA PERFECTA. NADIE NOTA QUE ES UNA MÁSCARA. NI TU ESPOSA. NI TUS HIJOS. NI TÚ. LLEVAS TANTO TIEMPO USÁNDOLA QUE YA NO SABES DÓNDE TERMINA ELLA Y DÓNDE EMPIEZAS TÚ.

DÉJATELA. TOTAL, ¿QUIÉN SERÍAS SIN ELLA?

BANDERA BLANCA

• • •

La paz no es ausencia de conflicto.
Es el acto más valiente que existe: perdonarte.

Fracasé.

Fracasé como papá. Fracasé como esposo. Fracasé como hijo. Fracasé como emprendedor. En todo. Daba lo mejor de mí y las cosas no salían como esperaba. Mis estándares eran altos — siempre lo han sido. Pero había algo más profundo que la exigencia. Algo que sentía en el pecho y que no me podía sacudir: no lo estaba haciendo bien. No como pensaba. No como podía. No como quería.

Pasé días y noches llorando. Daba todo por mis hijos y las cosas no salían bien. Tenía las mejores intenciones con mi esposa y no le daba lo que ella necesitaba. Trabajaba sin parar y los resultados no se daban. Sabía que podía dar más. Sabía que lo que estaba dando no era suficiente — no era poco. Pero no era lo correcto.

¿A ti te ha pasado? ¿Dar todo y sentir que no alcanza? ¿Acostarte sabiendo que pudiste más, que debiste más, que fallaste en lo que más te importa?

Los fracasos no paran. Vienen en diferentes áreas. En diferentes momentos. Cuando crees que ya aprendiste la lección, la vida te la pone de nuevo — desde otro ángulo, en otra escala, con otro precio. No hay un día en que te gradúas de los fracasos. Son parte de la construcción. Son parte de ser humano.

Pero cargar con ellos es otra cosa.

Puedes fracasar y levantarte. O puedes fracasar y quedarte cargando el peso de lo que no fue. El resentimiento contra ti mismo es el más peligroso de todos — porque no lo ves. No es una persona que te hizo daño. No es una injusticia que puedes señalar. Es tu propia voz diciéndote que no eres suficiente. Que debiste hacer más. Que no mereces lo que tienes porque fallaste en lo importante.

Ese peso no te deja avanzar. Te ancla a un momento que ya pasó y que no puedes cambiar. Y mientras lo cargues, nada de lo bueno que intente llegar a ti va a tener espacio. Porque el resentimiento — contra ti o contra otros — ocupa el lugar que debería ocupar la paz.

Lo que me salvó fue aprender a perdonarme.

No fue fácil. No fue un momento. Fue un proceso lento de aceptar que soy humano. Que puedo caer. Que construirse requiere primero haberse destruido. Que mis estándares pueden ser altísimos y aun así tener un margen — un espacio donde si las cosas no salen como esperaba, puedo recalcular y seguir adelante. No rendirme. Recalcular. Hay una diferencia enorme.

Perdonarme no fue darme permiso para fallar. Fue soltar la exigencia de ser perfecto. Fue entender que el papá que llora por sus hijos no es un mal papá — es un papá que le importa tanto que le duele. Que el esposo que no da lo que su esposa necesita no es un mal esposo — es alguien que todavía está aprendiendo a amar de la forma correcta. Que el emprendedor que falla no es un fracasado — es alguien que está pagando el precio completo.

Y cuando te perdonas a ti, algo se abre. Descubres que si tú no eres perfecto, los demás tampoco lo son. Que si tú mereces otra oportunidad, ellos también. La paz es un imán. Cuando la encuentras, todo cambia. Las decisiones fluyen. Las relaciones se alinean. No porque la vida se vuelva fácil — sino porque dejaste de pelear contra ti mismo.

Y el primer paso no es perdonar a los demás. Es levantar la bandera blanca contigo.

EL ESCULTOR

• • •

La reputación es lo que otros piensan de ti.
El carácter es lo que eres cuando nadie te ve.

El carácter no se anuncia. No se declara. No se escribe en una tarjeta de presentación. Se demuestra — en silencio, sin audiencia, sin aplauso. Es la estructura interna que determina cómo respondes cuando la presión aparece, cuando la tentación se presenta, cuando nadie te está mirando. Es lo que haces cuando hacer lo correcto no tiene recompensa visible y hacer lo incorrecto no tiene consecuencia aparente.

La palabra carácter viene del griego *kharaktér* — la marca grabada en una moneda que garantizaba su autenticidad. No era decoración. Era la prueba de que lo que tenías en la mano era real, no una imitación. Tu carácter es exactamente eso: la marca que llevas dentro que dice si eres auténtico o si solo pareces serlo.

Era 2019. Éramos distribuidores de una marca de una empresa transnacional con la que operábamos a nivel global. De pronto nos anuncian: a partir de enero 2020 van a trabajar directamente con la división local de México. Nos dicen que en quince días nos vamos a reunir con todo el *board* de México para alinear los siguientes pasos.

Llegó el día. Nos citaron en sus oficinas. Entramos a una sala de juntas de esas que parecen de película — cincuenta asientos, pantallas por todos lados, gente de varios países. Y de pronto entra la directora de México. Todos se paran. Parecía que había entrado un presidente o un rey. Veíamos todo lo que sucedía y no terminábamos de entender lo que pasaba. Comenzó la junta, y nos dijeron: queremos que presenten para mañana el plan de 2020. Para mañana. Pero no importó — saliendo de la junta fuimos directo a la oficina. Trabajamos hasta las tres de la mañana. Analizamos absolutamente todo el negocio. Las oportunidades, el mercado, los números reales. El resultado nos daba un once por ciento de crecimiento. Nada malo para un negocio maduro.

Al día siguiente volvimos a sus oficinas. Estamos por entrar y me dice el director global:

—¿Hiciste tu trabajo?

—Sí —le contesté.

—Vas a crecer el dieciocho por ciento.

—No —le dije—. Corrí los números, analicé todo. Es el once por ciento.

—No —me dijo—. Es el dieciocho por ciento. A ver cómo lo haces, porque eso es lo que quieren escuchar.

Entré firme. Presenté mi información y mostré el once por ciento. Todos se quedaron pasmados. "Es el dieciocho", decían. Pasaron todo el día tratando de hacer números sin sentido, escenarios irreales para llegar a ese dieciocho. Yo sabía que ese número no era alcanzable. Me pidieron que volviera al día siguiente y presentara los números al dieciocho por ciento, aunque no fuera real. Todo para que la directora saliera feliz de esa reunión.

Salí destrozado. Sentí una frustración que nunca había sentido en mi carrera. ¿Cómo puede ser que esta gente mienta de esta forma? Que inventen. Que invaliden todo el conocimiento que ya teníamos sobre el negocio solo para llegar a un número fabricado. Volví a casa tarde por la noche y les escribí un mensaje a mis socios. Muy duro. Teníamos dos caminos: ser firmes y mostrar la realidad, o ser títeres y vender humo. Decidimos lo primero. Incluso si existía el riesgo de perder la marca.

Fue el primer momento en mi carrera en el que me di cuenta de nuestro verdadero valor. Estaban tocando fibras sensibles — nos estaban pidiendo que mintiéramos, sobre algo en lo que no creíamos. A partir de ese momento dijimos: nadie puede cambiarnos nuestra esencia. Debemos proteger y defender lo que creemos. Cueste lo que cueste.

Para colmo, al cierre de 2020 el crecimiento fue de diez punto seis por ciento. Fiel a nuestra visión. Al número real que habíamos dicho desde el primer día. No al dieciocho inventado.

El carácter no se forja en un solo momento de grandeza. Se forja con mil decisiones pequeñas que nadie ve. La forma en que hablas de alguien que no está presente. Lo que haces con el cambio de más que te dieron por error. Cómo tratas a quien no puede hacer nada por ti. Cómo manejas una promesa que ya nadie recuerda que hiciste. Esas decisiones invisibles son los ladrillos del carácter — y se acumulan hasta formar algo que no se puede fingir.

Un código de valores sin carácter es un documento decorativo. Puedes escribir los principios más elevados del mundo, pero si no tienes la estructura interna para sostenerlos cuando cuesta, son solo palabras. El carácter es lo que convierte los valores en acción — especialmente cuando la acción es difícil, impopular o costosa.

Ese día entendí algo sobre el carácter que no se aprende en ningún libro: el carácter tiene un precio. Y el precio se paga al momento, no después. Cuando todos esperan que digas lo que quieren escuchar y tú dices lo que sabes que es verdad. En el momento donde la presión te empuja a ceder y algo dentro de ti se niega. No porque seas valiente, simplemente no puedes ser alguien que no eres. Eso es el carácter. No es una decisión heroica. Es la incapacidad de traicionar lo que crees, aunque traicionarlo sería más fácil, más cómodo y más conveniente.

Los hijos no heredan el carácter. Lo observan y lo absorben. Ven cómo sus padres manejan la frustración. Ven si la palabra dada se cumple o se negocia. Ven si la integridad tiene precio o si es innegociable. Y lo que ven se convierte en su definición silenciosa de lo que significa ser persona. No hay discurso que supere al ejemplo.

LA JAULA DORADA

• • •

No confundas seguridad con libertad. La seguridad es una ilusión que te encadena. La libertad ya contiene toda la seguridad que necesitas.

Mi gran amigo Daniel, que me conoce más de lo que me conozco yo.

Somos socios en un negocio que manejamos todos los martes por la tarde. La rutina es siempre la misma: llega a la oficina a las cinco, platicamos media hora y arrancamos a las cinco y media. Pero esa media hora antes de trabajar es lo que más gano de ese negocio. Porque ahí no hablamos de números. Ahí hablamos de la vida.

Un martes me preguntó algo que parecía simple:

—¿Para qué trabajas?

—Quiero seguridad —le contesté sin dudar.

Me miró y me dijo:

—No. No es eso. Te conozco y sé que hay algo más.

Muy seguro de mí mismo le dije que se equivocaba. Pero por dentro supe que había algo ahí. Algo que yo todavía no podía ver — y él ya lo veía.

Pasaron los meses. Y la vida puso la siguiente pieza en mi camino sin avisarme.

Fui construyendo una relación profunda con un proveedor. Se llamaba Yasser. Egipcio, vivía en Suiza. Joven, pero con una serenidad y una sabiduría que no correspondían con su edad. La relación personal fue creciendo a la par de la comercial. Y en una de esas llamadas soltó algo que no esperaba:

—Mi verdadera vocación es ser *coach*. Ayudar a la gente a liderar. Me encantaría trabajar contigo en esa área. ¿Programamos una llamada los viernes?

Me sentí halagado. Él era el director global de su compañía — y me estaba regalando una hora a la semana de su tiempo. Acepté.

Después de algunas semanas, en las que le contaba todo lo que tenía dentro le pregunté algo que me daba pena pero necesitaba saber:

—Yasser, ¿por qué me estás regalando tu tiempo?

—Te he observado durante años. Hay algo en ti que me intriga. Nunca he visto a alguien que defienda sus valores como tú lo haces. Pero creo que hay un valor — el más alto, el que ata todo tu ser — que todavía no está definido. Y quiero ayudarte a encontrarlo.

Dos personas. En momentos distintos. Sin conocerse entre sí. Vieron exactamente lo mismo en mí.

Daniel vio primero que lo que yo llamaba seguridad no era lo que realmente buscaba. Yasser lo confirmó — y me dijo algo que me cambió para siempre:

—La única manera de tomar el control es soltando el control.

Y un día la pieza cayó.

Libertad.

En el momento en que esa palabra apareció, todo lo que yo era y todo lo que buscaba se acomodó en su lugar. Como si cada decisión, cada valor, cada instinto que había tenido desde siempre hubiera estado girando alrededor de lo mismo — y yo no lo veía porque le daba el nombre equivocado.

Yo vivía en una jaula dorada. Una que yo me había construido a base de control, de planes, de querer tener todo cubierto. Desde afuera se veía bien. Desde adentro me faltaba el aire. El día que definí mi valor más alto — libertad — fue el día que volé. No cambió nada afuera. Cambió todo adentro.

La seguridad es una trampa. Acumulas, controlas, planeas — y sin darte cuenta construyes una prisión donde todo está cubierto menos la libertad de vivir. La seguridad no protege. Paraliza.

NO SIEMPRE TE PIDO QUE TE RINDAS. A VECES TE PIDO QUE TE PROTEJAS. ES MI JUGADA MÁS ELEGANTE.

La libertad es tomar decisiones desde la convicción, no desde el miedo. Es hacer todo lo que está en tus manos — y soltar lo que queda fuera de ellas. No con indiferencia, sino con la paz de quien hizo su parte y confía en que el resto se acomoda.

Y aquí está la paradoja que casi nadie ve: la libertad ya contiene la seguridad. Quien es verdaderamente libre tiene una seguridad que ningún seguro puede dar. Porque no depende de circunstancias externas. Depende de su capacidad de adaptarse, de decidir, de empezar de nuevo. Eso es indestructible.

Vivir libre no es vivir sin estructura. Es lo contrario — principios firmes y manos abiertas. Saber qué es lo que nunca vas a negociar y al mismo tiempo no aferrarte a cómo tiene que salir cada cosa. Querer controlarlo todo es desconfianza — en ti mismo, en el proceso, en Dios. Yo hago mi parte con todo lo que tengo y el resultado lo dejo en Sus manos. Eso no es pasividad. Es la forma más elevada de libertad.

¡Viva la libertad, carajo!

PIEDRAS, NO LADRILLOS

• • •

La fuerza de todos depende de la singularidad de cada uno.

En la tradición judía se cuenta la historia de la Torre de Babel. La idea era clara: construir una torre tan alta que pudiera llegar al cielo y vencer a Dios. El villano era un genio. Nimrod fue el primero en entender una verdad muy profunda y usarla para el mal: elimina la individualidad de un grupo, quítales su esencia por medio de un discurso bien construido, y lograrás que todos trabajen para tu objetivo. Sin individuos, todo es más fácil de controlar.

¿Y con qué construyeron la torre? Con ladrillos. Idénticos. Uniformes. Intercambiables. Si uno se quebraba, ponías otro igual y nadie notaba la diferencia. Eso era exactamente lo que Nimrod quería — personas que funcionaran como ladrillos. Sin nombre. Sin forma propia. Sin voz. Piezas iguales al servicio de un solo objetivo que no era el suyo.

Siglos después, Salomón recibió la tarea más sagrada de la historia de su pueblo: construir el Templo. El lugar donde la presencia de Dios habitaría en la Tierra. Y la diferencia en la construcción lo dice todo.

El Templo se construyó con piedras. Cada una única. Diferente en tamaño, en forma, en peso. Cada piedra fue preparada individualmente para ocupar un lugar específico que solo ella podía ocupar. Ninguna piedra era igual a otra. Y ninguna era reemplazable.

Nimrod construyó con ladrillos porque necesitaba que nadie importara. Salomón construyó con piedras porque entendió que la fuerza del todo está en la fuerza de cada uno.

En la prepa me sentaba todos los días en la misma banca. Cuadernos debajo de la mesa, todo ordenado. Pizarrón de gis al frente. Todo ordinario. Veinticuatro alumnos en el mismo salón, medidos con la misma vara. Mismos exámenes. Mismas materias. Misma calificación del uno al diez que decidía quién era bueno y quién no.

Presentabas tu examen. Y empezaban los días de espera. Esos días donde ya no puedes cambiar nada, pero todavía no sabes si lo que diste fue suficiente. Hasta que llegaba el momento. El maestro con la lista en la mano. El salón en silencio. Tu nombre en voz alta. Tu sentencia.

Yo era bueno en matemáticas, física, química, historia. Los números me hacían sentido. Las fórmulas me hablaban. Cuando sacaba diez en matemáticas me sentía genio. Pero llegaba la clase de español, de arte, de cualquier materia donde había que expresar algo más allá de la lógica — y el cinco de calificación me hacía sentir incompleto. Como si el diez de antes no contara.

Tenía una amiga que era exactamente lo contrario. Brillante en arte, en español, en todo lo que tuviera que ver con expresión y creatividad. Pero en matemáticas, en física, en química — sufría igual que yo sufría en sus materias. Nunca hablamos del tema. Pero yo lo veía. Veía la angustia en su cara. Y podía sentir la mía a través de ella. La misma frustración. El mismo sentirse tonto en un salón donde se suponía que todos debían ser iguales en todo.

Y eso es lo que hace un sistema de ladrillos. No te dice que eres único — te dice que eres incompleto. No celebra lo que aportas — castiga lo que te falta. Nos sentaban en la misma banca, nos daban el mismo examen, nos medían con la misma escala. Y a los dos nos hacían sentir que no éramos suficientes. A mí por no saber expresarme. A ella por no saber resolver una ecuación.

Pero la verdad es que los dos éramos piedras. Ella tenía una forma que yo no tenía. Yo tenía una forma que ella no tenía. Si el sistema hubiera valorado lo que cada uno aportaba en lugar de exigir que todos fuéramos iguales en todo — ninguno de los dos se habría sentido incompleto. Pero así funciona un sistema de ladrillos: te mide por lo que te falta, no por lo que solo tú puedes dar.

Esa es la paradoja más poderosa que conozco. Somos únicos — y eso es exactamente lo que nos hace valiosos para el grupo. No a pesar de ser diferentes. Gracias a ser diferentes. Tu forma, tu historia, tus cicatrices, tu manera de pensar, lo que te duele, lo que te enciende — eso es lo que aportas. Nadie más puede dar lo que tú aportas porque nadie más es tú.

La mejor forma de contribuir a algo más grande que tú no es borrándote para encajar. Es reconociendo que eres diferente — y que esa diferencia es exactamente lo que el grupo necesita. La piedra no pierde su forma por pertenecer al muro. El muro es fuerte precisamente porque cada piedra tiene su forma.

Nimrod construyó la torre más alta del mundo con ladrillos — y Dios la derrumbó. Salomón construyó el lugar más sagrado de la Tierra con piedras — y Dios lo habitó.

SIN EXCEPCIÓN

• • •

Lo que haces todos los días sin excepción define quién eres.
Lo que haces "casi siempre" no define nada.

La rutina parece insignificante. Nadie la aplaude. Nadie la ve. Es repetitiva, aburrida, invisible. Pero es lo más poderoso que existe. Porque la rutina es la estructura que sostiene todo lo que quieres proteger. Tu salud. Tu familia. Tu paz. Tu crecimiento. Sin una rutina que lo defienda, todo queda a merced de lo urgente. Y lo urgente siempre gana.

Pero la rutina solo funciona si es sagrada. Sin excepción. Sin "solo hoy no". Sin "la próxima semana retomo". Porque el momento en que haces una excepción, esa excepción se convierte en la norma.

Era el verano de 2021. Seguíamos en pandemia. La nueva normalidad era trabajar a distancia. Esto me permitió pasar un mes en Playa del Carmen con mi familia. Los niños no tenían escuela. Yo no tenía que estar en la oficina todo el día. Era perfecto.

Mi amigo Nico y su familia viajaron con nosotros. Nos instalamos en un complejo dentro de un fraccionamiento con campo de golf. Yo nunca había jugado aunque siempre me había llamado la atención. Vegetación. Naturaleza. Deporte. Cuatro horas de desconexión. Sonaba interesante. Pero no tengo tiempo, me decía. No es para mí. Mi amigo tenía años de experiencia y siempre me invitaba. Y yo lo rechazaba.

Un día, caminando por el circuito, me dijo: "Vamos, tiremos unas pelotas". Accedí. En la práctica había dos maestros — un español y un mexicano. Vi el *swing* del español y quedé impresionado. Preguntamos por clases y tenían un espacio al día siguiente. Nico no necesitaba la clase — llevaba años jugando — pero me dijo: "Yo también voy. Siempre se puede mejorar".

Siguiente día. Ocho y media. Listo para mi primera clase. El instructor me explicó la teoría durante unos minutos y llegó la hora de mi primer *swing*. Y si alguien sabe de golf va a saber a qué me refiero. Tomé el bastón. Coloqué la pelota en el *tee*. Mi primer tiro fue un desastre. Continué la clase. Tiré cientos de bolas. Hasta que finalmente conecté una. Mi primer golpe sólido. Y me dije: "Quiero esto. Esto me encantó".

Continuamos con las clases por una semana. Yo sabía que necesitaba un espacio para mí. Un espacio para desconectarme. Para soltar las responsabilidades y la adrenalina del día a día. "Cuando regresemos a México juguemos una vez por semana", me dijo mi amigo. Mi respuesta natural: "No tengo tiempo". Pero insistió. Así que no quedó de otra. Miércoles a las tres. Era un horario incómodo por mi agenda de trabajo. Pero sabía que era el único horario que podía ir sin afectar el tiempo de mi familia.

Pronto se convirtió en un espacio especial. Todos los miércoles a las tres estábamos jugando. Y así continuamos por muchos años. Sin importar qué compromisos tuviéramos, el golf era Imprescindible.

Hasta que un día surgió una situación mayor en mi negocio que requería de mi atención. Cancelé el golf del miércoles. Me sentí muy productivo en la oficina. Me dolió no ir pero me gustó quedarme. No pasa nada. La siguiente semana vamos. A la próxima semana misma situación. Es solo este mes que no voy a ir. A partir del siguiente retomamos.

Desde ese día no he vuelto a jugar un miércoles por la tarde.

RECONOCES ESA VOZ. YA LA CONOCISTE.

Un ejemplo que parece insignificante. Pero me reveló algo enorme. La rutina se defiende sin excepción. Porque cuando le das oportunidad a lo ambiguo, el resultado siempre sale en contra. La excepción nunca es una sola vez. La excepción es la puerta que abre todas las demás.

Y esto aplica para todo. Para el ejercicio que cancelas un lunes y no retomas hasta marzo. Para la cena familiar que saltas una vez y de repente ya no es todos los días. Para la lectura que dejas un día y se convierte en meses. Para la oración que pospones una mañana y se vuelve silencio.

Lo que defiendes sin excepción se queda. Lo que defiendes "casi siempre" se va.

— II —

ELIGE CON QUIÉN

No necesitas a nadie.

Tú puedes solo. Siempre pudiste. Los que piden ayuda son los que no pueden solos — y tú no eres de esos. Guárdate lo que sientes. Que nadie sepa lo que cargas. Total, ¿para qué arriesgarte a que alguien te vea de verdad?

Podrían decepcionarse.

EL EJE

• • •

Crecer se siente bien. Lo que nadie te dice es que cada vez que creces el peso de lo que provocas en los demás crece también.

Empecé a crecer y se sentía maravilloso.

Como persona. Como amigo. Como padre. En mi negocio. Todo avanzaba. Aprendía, construía, conectaba. La gente empezó a buscarme. A confiar en mi opinión. Y ese sentimiento — sentir que lo que haces impacta, que lo que dices mueve, que estás aportando algo real — es uno de los sentimientos más poderosos que existen.

Y entonces lo vi. No sé cómo pasó. Un amigo me pidió un consejo y su mirada revelaba algo más. No era una simple plática. Lo que para mí parecía algo casual, para él podía ser determinante. Y eso no solo lo percibí de mí hacia afuera. Me pasó al revés. Descubrí que los comentarios de una persona, en la que confío y admiro, tienen más peso en mí de lo que me imaginaba. Una palabra suya me puede mover más que cien de alguien más.

Ahí entendí. Estaba construyendo un arma de doble filo.

Por un lado, el crecimiento era real. Los aciertos se acumulaban. La confianza que otros depositaban en mí tenía fundamento. Pero por el otro — sin darme cuenta, sin pedirlo, sin medirlo — estaba construyendo una responsabilidad inmensa. Porque entre más aciertas, más grande se vuelve el impacto. Y entre más grande es el impacto, más grande es la responsabilidad.

Un mal consejo a un amigo puede hacer que todo lo que construiste con él se derrumbe. Una mala guía a un esposo y su matrimonio se desestabiliza. Una mala inversión para un socio puede ser su fin. No lo digo con soberbia — como si yo fuera el único con ese poder. Lo tenemos todos. Cada uno de nosotros es el eje de un sistema. Tu familia gira alrededor de decisiones que tú tomas. Tu negocio se mueve con la energía que tú le pones. Tus amigos reciben el efecto de las palabras que tú eliges. Lo sepas o no, eres una pieza central. Y lo que hagas con esa posición define lo que pasa con todas las demás piezas.

Eso asusta. Y debería.

La mayoría, cuando siente ese peso, se derrumba — deja de actuar, deja de opinar, deja de moverse por miedo a equivocarse. O se infla — se cree indispensable, confunde ser eje con ser dueño del sistema. Las dos son trampas. Paralizarte deja al sistema sin movimiento. Controlar asfixia a las piezas que necesitan espacio para funcionar.

La respuesta es entender tu función. No todo se trata de ti. Estás en un sistema que funciona con un conjunto de piezas — y cada una tiene su rol, su fuerza, su lugar. Tu trabajo no es mover todas las piezas. Es moverte tú — con precisión, con consciencia, con propósito — para que cada quien pueda ocupar el suyo.

El día que lo entiendes, el peso no desaparece — se transforma. Deja de ser carga y se convierte en brújula. Ya no estás tratando de hacerlo todo. Estás haciendo lo que te corresponde — con toda la fuerza y todo el cuidado que esa posición exige.

Eres el eje. No porque seas más importante que los demás — sino porque lo que tú mueves, los mueve a ellos. Eso no es un título. Es el precio del crecimiento. Y se paga todos los días.

PRIMERO TÚ Y YO

• • •

Antes de ser padres, somos pareja. Y si la pareja no está bien, nada de lo que construyas alrededor va a sostenerse.

La conozco desde los catorce años. Nos gustábamos. Los dos lo sabíamos. Ninguno lo dijo. Años viéndola de lejos, sintiendo algo que no cabía en palabras. Ella tenía algo que nunca pude nombrar — y todavía no puedo hacerlo. Es capaz de llenar un lugar entero con su energía — y guardar lo mejor de ella para los que de verdad le importan. Esa dualidad me atrapó antes de saber qué era. Y lo sigue haciendo.

Una noche, en un bar, lo que los dos guardamos durante cinco años se dijo en voz alta. No recuerdo cómo se dio. Solo recuerdo que el mundo se detuvo. Y que todo lo que sentí desde los catorce se volvió real en un instante. Y desde ese momento supe que quería pasar mi vida entera con ella.

Pero el amor no viene con manual. Me casé joven. Inmaduro. Con todo el amor del mundo, pero sin las herramientas para saber qué hacer con él. Ella merecía más de lo que yo sabía dar — y en vez de decírmelo caminó conmigo mientras yo aprendía. Confundí entrega con sacrificio. Confundí estar presente con estar agotado. Confundí ser buen padre con olvidarme de ser buen esposo. Y en ese proceso, sin querer, estaba debilitando el núcleo que sostenía todo.

Cuando llegaron nuestros hijos, volcamos todo en ellos. Todo. Los dos somos personas muy responsables, entregadas, dedicadas. Creíamos que formar una familia era eso — darles cada segundo, cada gramo de energía, cada momento del día. Todo lo hacíamos por amor. Pero nos estábamos equivocando.

Fuimos con varios especialistas de paternidad. Recuerdo muy bien una sesión que me marcó para siempre. Platicando con la terapeuta le dijimos con orgullo: "Nosotros somos los mejores papás. No dejamos ni un segundo a nuestros hijos. Se paran a las cinco de la mañana y nosotros nos despertamos a jugar con ellos. Y así todo el día hasta que se duermen". Esperábamos un aplauso. Lo que recibimos fue un golpe de realidad. La terapeuta me miró y me dijo:

—Bravo. Eres un idiota, no un superpapá. ¿Tú crees que despertarte a las cinco de la mañana es ser un buen papá? Un buen papá no puede estar bien con sus hijos si no tiene un momento de descanso para estar bien él.

Salimos de esa sesión en silencio. Mi esposa y yo nos miramos y dijimos: "Estamos haciendo todo mal". Teníamos las prioridades invertidas. Nuestro orden era: hijos primero, pareja después, y la persona al final. Y el orden correcto es exactamente al revés: primero tú, después tu pareja, después tus hijos. El orden no los hace menos importantes. Los hace posibles. Y si la pareja no está bien, los hijos lo sienten aunque nadie diga ni una palabra.

Darte a ti primero para poder darle a tu pareja. Darle a tu pareja para poder dar lo mejor de los dos a sus hijos. Ese orden no es egoísmo. Es arquitectura emocional. Es construir desde los cimientos, no desde el techo.

Pero entender el orden no fue suficiente. Un día, en medio de todo —los hijos, el negocio, las responsabilidades, la velocidad con la que se mueve la vida— nos miramos y nos preguntamos: "¿En dónde quedamos tú y yo?"

La respuesta honesta era: en lo que queda después de dar todo. En las sobras del día.

Y eso tenía que cambiar.

El día que cambié las preguntas, cambió todo. ¿Qué te puedo dar? ¿Qué necesitas de mí que no te estoy dando? ¿En qué me hace falta crecer para que esto funcione mejor? Recalculé. Dejé de ver la pareja como algo que se mantiene y empecé a verla como algo que se construye. Todos los días. Con intención.

Y cuando construyes con intención, empiezas a ver a la persona que siempre estuvo ahí. La que me contiene cuando no puedo solo. La que me entiende sin necesidad de explicarle. Tenemos algo que no sé cómo describir — Somos tan parecidos que a veces nos leemos el pensamiento, y tan diferentes que lo que a mí me falta es exactamente lo que ella tiene. Me complementa sin intentarlo. Y después de todos estos años, todavía la volteo a ver y me pregunto cómo tuve tanta suerte. Me emociona saber que la vida va a ser con ella. Toda.

Y si hay algo que me da paz es verla con nuestros hijos. Porque sé quién los guía. Sé en qué manos están. Sé que lo que yo no puedo darles, ella se los da sin esfuerzo — con esa intuición que no se aprende, que no se estudia, que solo tienen las mamás que están hechas para serlo. Mis hijos van a ser quienes son gracias a ella. Y eso me llena el alma y me da paz.

Escribí un libro entero. Encontré las palabras para cada capítulo, cada historia, cada principio. Pero para ella nunca me alcanzan.

Es mi todo. Y si algo me quita el sueño no es si le doy suficiente — es que quiero darle más de lo que ella quiere recibir.

Te prometo, primero tú y yo siempre.

¿Le estás dando lo mejor de tu día o lo que te sobró?

CADA QUIEN SU PAPEL

• • •

Ayudar no es sustituir. Cada persona tiene un rol — y cuando se pierde, aunque sea sin querer, se pierde una parte de quien es.

Si hay alguien que admiro con todo mi ser es a mi abuelo.

Nació en 1935 en Gómez Palacio, Durango. Época turbulenta en el mundo. Provincia. Todo en contra. A los quince terminó la escuela, se graduó como contador, hasta taquigrafía aprendió. Un hombre noble como nadie.

Empezó trabajando en una tienda. Al poco tiempo compró una mesa de corte y comenzó a fabricar ropa. Fundó una fábrica que se convirtió en un gran éxito. Su papá le dijo:

—Betito, quiero que le des una tercera parte a cada uno de tus hermanos y que trabajen contigo.

Sin pensarlo contestó:

—Claro, papá. Así era él.

Después vino la hilatura. Tuve la fortuna de conocerla cuando era niño. Una fábrica bien montada, llena de maquinaria y obreros. Tuvo décadas de éxito. Compró casas de campo donde vivimos nuestras vacaciones desde pequeños. Más de cincuenta años de trabajo, sacrificio, esfuerzo. Aún tengo los recuerdos de verlo en las comidas familiares, bien vestido, traje, corbata. No puedo olvidar su tic: movía la corbata para despegar el cuello de la camisa. Elegante y presentable siempre. Otro de mis héroes.

Teníamos la costumbre de ir todos los domingos a comer a restaurantes con mis papás y mis abuelos. Y siempre, al terminar, mi abuelo decía: "Mándame la cuenta". Sacaba la tarjeta y pagaba. Así fue durante muchos años. Él era el proveedor. El patriarca. El que ponía la mesa — literal y simbólicamente.

Hasta que un domingo, mi papá dijo: "Pa, yo invito hoy".

Mi abuelo sonrió y asintió.

A partir de ese día mi papá empezó a pagar la cuenta. Nadie lo pensó dos veces. Fue algo natural. Pero algo pequeño se movió en la mesa ese domingo — algo que nadie notó en el momento.

Nadie se dio cuenta. Pero algo cambió. Y eso me marcó para siempre.

Cada persona tiene un rol que solo ella puede cumplir. No es intercambiable. No es transferible. El padre no puede ser la madre. El hijo no puede ser el padre. El esposo no puede ser el amigo. Cuando alguien pierde su rol, no pierde una función — pierde una parte de su identidad. Y cuando tú se lo quitas — aunque sea con amor, aunque sea para protegerlo, aunque sea porque crees que puedes hacerlo mejor, no lo estás ayudando. Lo estás borrando. El rol de una persona es lo que le da lugar en el mundo.

Por más que quieras, no puedes sustituir el rol de alguien más. Puedes ayudar. Puedes ser soporte. Puedes caminar al lado. Pero el momento en que tomas su lugar — aunque sea pagando una cuenta un domingo — le estás quitando algo que no se recupera fácil.

Mi abuelo tiene noventa y un años y sigue siendo el hombre más noble que conozco. Nunca dejó de ser grande. Pero en esa mesa del domingo algo se movió en silencio — y nunca regresó. El rol de una persona es sagrado. No lo toques.

MIS MAESTROS TIENEN MENOS DE DIEZ

• • •

Mis mejores maestros no tienen título. No tienen experiencia. Tienen menos de diez.

Creía que mi trabajo era enseñarles.

Darles todo. Amor. Valores. Estructura. Protección. Herramientas. Creía que mi función como padre era llenarlos de lo que yo sabía —y que ellos, por ser niños, eran recipientes vacíos esperando lo que yo pudiera darles. Les hablaba. Les explicaba. Les corregía. Los guiaba. Con todo mi amor. Con toda mi intención. Con la convicción absoluta de que yo tenía las respuestas y ellos las preguntas.

Y entonces me hice una pregunta que lo volteó todo.

¿Yo les tengo que enseñar todo a ellos — o ellos me están enseñando más a mí?

Porque los estaba viendo como alumnos. Y resulta que eran mis maestros.

Un hijo te enseña cosas que ningún libro contiene. No con palabras — con su existencia. Con la forma en que te mira cuando estás distraído y te hace sentir que no estás ahí. Con la forma en que perdona sin guardar nada — algo que los adultos olvidamos hacer. Con la pureza con la que dice lo que siente sin calcular cómo va a sonar. Con la forma en que se cae, llora dos minutos y vuelve a intentar, sin drama, sin resentimiento, sin la narrativa que nosotros construimos alrededor de cada fracaso.

Mis hijos me enseñaron la vulnerabilidad. Antes de ellos creía que conocía mis límites. Que sabía de qué estaba hecho. Que tenía todo bajo control. Pero el día en que llegó mi primera hija descubrí una fragilidad que no sabía que existía. Y esa fragilidad me hizo más fuerte. No menos.

Mis hijos me enseñaron la presencia. Nada te regresa al momento como un niño que te mira a los ojos y te dice: "Papá, ¿me estás escuchando?". Esa pregunta vale más que cualquier libro sobre *mindfulness.*

Mis hijos me enseñaron que no tengo el control. Cada hijo es diferente. Lo que funciona con uno no funciona con el otro. No hay fórmula. No hay manual. Y eso me obligó a soltar la ilusión de que podía diseñar el resultado. Mi trabajo no es moldearlos. Es acompañarlos mientras se moldean solos — y aprender de lo que veo en el camino.

Y me enseñaron algo que todavía me cuesta: ellos son ellos. Independientes de mí. Influenciados por mí, sí — pero no determinados por mí. Cada hijo es un ser completo con su propia personalidad, su propio ritmo, su propia forma de ver el mundo. Y la mayor muestra de respeto que les puedo dar no es llenarlos de lo que yo sé — sino observar quiénes son y dejarlos serlo.

Con mi hija mayor descubrí un amor que me abrió por dentro y que nunca cerró. Su mente no cabe en su cuerpo: siempre pensando, imaginando, retando. Más sensible de lo que el mundo cree, pero yo lo sé. Le encanta el cariño aunque no lo demuestre. Fue mi primera maestra. Y cuando la veo — con esa mente que no para y ese corazón que esconde — veo a la mujer más extraordinaria que el mundo todavía no conoce.

Mi hijo y yo compartimos un hilo que nos conecta sin explicación. No necesitamos hablar para entendernos. Lo admiro por su nobleza, por su alma, por su sabiduría espiritual tan desarrollada para un niño tan pequeño. Bondadoso. Generoso. Ve la vida de una forma que no puedo explicar. Su mirada me recuerda todos los días por qué no puedo fallar. Soy su modelo a seguir.

Mi hija menor llegó a completarme y a completar la familia. Es la más chica y parece ser la más madura de la casa. Tiene una mezcla de dulzura y astucia que no he visto en nadie. Me da un cariño espontáneo, puro, que nace sin pedir nada. Hace preguntas que no puedo contestar. Y cuando la vida me pregunte cuál era la pieza que me faltaba para estar completo — la respuesta siempre va a ser ella.

Ellos son la razón de todo. Cada cosa que hice, cada cosa que aprendí, cada cosa que escribí. Lo di todo. Con todo mi esfuerzo. Con todo mi corazón. Y si en algo fallé — quiero que sepan que su papá todavía está aprendiendo. De los mejores maestros que ha tenido.

Mis maestros tienen menos de diez. No dan conferencias. No escriben libros. No tienen respuestas armadas. Pero me enseñaron la vulnerabilidad, la presencia, la humildad — y la verdad más grande que he descubierto como padre: yo no vine a llenarlos. Vine a aprender de ellos. Y el día que dejé de verlos como alumnos y empecé a verlos como maestros — todo cambió. ¿Quién es el maestro de quién?

TU EJÉRCITO

• • •

La vida es una guerra. Y cada batalla se pelea mejor cuando sabes que alguien te cubre la espalda.

Mi ejército es mi familia.

Y cada uno ocupa una posición que nadie más puede ocupar.

Mi papá es el estratega. Curioso. Noble. Conciliador. Diplomático. Ve todo con unos ojos que encuentran lo mejor en cada situación. Donde yo veo caos, él ve orden. Donde yo veo urgencia, él ve perspectiva. No grita. No empuja. Observa, escucha y te dice exactamente lo que necesitas oír — no lo que quieres oír. Desde atrás, ve el campo completo. Y su claridad me ha salvado más veces de las que puedo contar.

Mi mamá es el alma de la tropa. Mística. Alegre. Emocional. Conectada con su ser y sus emociones de una forma que yo todavía estoy aprendiendo a entender. Ella no ve el campo de batalla — siente la energía del guerrero. Sabe cuándo estoy bien sin que le diga. Sabe cuándo no estoy bien antes de que yo lo sepa. Es la que mantiene vivo el fuego cuando la guerra se alarga y las fuerzas se agotan.

Mi hermano es el que sostiene la línea. El mayor. Destila bondad. Nobleza. Paciencia. No es el que grita en la batalla sino el que se queda de pie cuando todos los demás se cansan. Es el que no se mueve. El que está ahí, silencioso, firme, incondicional. Si todo se derrumba, él sigue parado. Y saber eso me da una paz que no puedo explicar.

Mi hermana mayor es la inteligencia. Preguntona. Carismática. Vive con una ligereza y una profundidad impresionante que contrasta y cautiva. Es la que hace las preguntas que nadie más hace. La que ve el ángulo que se te escapó. La que te cuestiona, no para debilitarte — sino para hacerte más fuerte. Comparto esencia con ella. Y esa esencia me reta cada vez que hablamos.

Mi hermana menor es la que defiende la posición con los dientes. Un regalo que nos dio la vida. Mujer fuerte y sensible. Inteligente. Valores firmes. Cuando cree en algo, no lo suelta. Cuando alguien amenaza a los suyos, se planta. También me identifico con ella. Tiene el fuego que yo tengo — y verlo en ella me recuerda de qué estoy hecho.

Y después llegaron ellos. Mis cuñados. El ejército no es solo sangre — también es quien elige entrar a tu trinchera y se planta como si siempre hubiera estado ahí. No nacieron en esta familia. La eligieron. Y esta familia los eligió a ellos. Cada uno trajo algo que no teníamos. Cada uno fortaleció una posición que necesitaba refuerzo. Un ejército que solo crece con sangre se estanca. Uno que sabe sumar a quien comparte los valores — ese se vuelve invencible.

Pero no voy a pintarte una postal. También hay desacuerdos. Momentos donde el que más te quiere es el que más te lastima — precisamente porque es el que más cerca está. A veces no nos entendemos. A veces lo que uno necesita no es lo que el otro puede dar. A veces el mismo fuego que nos une nos quema. Ser familia no significa estar de acuerdo siempre. Significa quedarte cuando no lo estás.

Y cuando uno cae, todos lo sienten. Pero siempre hay alguien que te levanta. Alguien que ve lo que tú no puedes ver cuando estás en el piso. Alguien que te dice levántate — y sí entiende tu dolor. Pero sabe que, aunque pierdas una batalla, todavía hay una guerra que pelear. No me dejan caer. Pero tampoco me dejan engañarme. Me regresan a mi centro cuando me pierdo. Me celebran cuando avanzo. Me confrontan cuando me desvío.

Nada de lo que soy sería posible sin ellos. Me lo dieron todo. Son incondicionales. Y yo para ellos también.

¿Quién te cubre la espalda? ¿Y tú, a quién se la cubres?

DIME CON QUIÉN ANDAS...

• • •

Tu entorno no es un accidente. Es una elección.
Y pocas elecciones en la vida determinan tanto en quién te conviertes.

Cada miércoles. Puntuales. Todos en *Fredo* Café.

No importa qué pasó en la semana. No importa si fue una semana de victorias o de golpes. El miércoles a las ocho, estamos ahí. Más de diez años sin fallar. Y mucho antes de *Fredo* ya estábamos juntos — desde el kínder, pasando por la prepa, la universidad y todo lo que vino después.

El leal. El retador. El ordenado. El noble. El ligero. El que siempre está. Cada uno diferente. Cada uno con su fuerza. Pero todos con algo en común: la visión de querer construir algo verdadero y duradero. Todos nosotros imperfectos. Y eso es lo que lo hace perfecto.

La mayoría nos casamos antes de los veinticinco. Inmaduros. Nos tocó aprender a madurar juntos, a trabajar, a cargar con la responsabilidad. Cada quien a su ritmo. Cada quien con lo que tenía. Pero juntos.

Con el tiempo, *Fredo* Café se convirtió en algo más que un punto de encuentro. Se convirtió en nuestro espacio de reflexión, de disfrute, de crecimiento. Cada quien aportando lo suyo. Cada quien de acuerdo a sus habilidades y sus posibilidades. Ahí se habla más de ideas que de personas. Y eso — eso es algo muy difícil de encontrar.

Una noche llegué destruido. Problemas del trabajo. De esos que no te dejan dormir. Me senté y los vi. Sus ojos decían algo. No hablaron. Pero entendí. Y algo dentro de mí se activó: no puedo dejarme caer. Durante mucho tiempo ellos habían esperado cosas de mí. Y yo no podía defraudarlos. No por orgullo — por lo que habíamos construido juntos.

Esa noche no me levantó un consejo. No me levantó una frase. Me levantó saber que esas personas estaban ahí. Que me estaban viendo. Que esperaban de mí lo que yo esperaba de ellos.

Eso es lo que hace un entorno de verdad. No te deja caer — no porque te cargue, sino porque su sola presencia te recuerda quién eres.

Yo no sé qué sería de mí sin ellos.

A mis amigos los conozco desde niño. Pero hay personas que llegan a tu vida de la nada — sin historial, sin contexto, sin razón lógica… — y se quedan para siempre.

Un día recibí un correo masivo de una línea de productos. Algo me llamó la atención. Respondí. Me contestó un hombre:

"Soy Mark, me dedico a hacer productos de belleza, estoy en Los Ángeles". Semanas después, en una expo en Anaheim, quedamos de vernos. No tenía pase para entrar. Nos vimos afuera, en unas bancas con sombrillas, llovía. Un hombre de más de sesenta años. Camisa azul Oxford. Había cargado todas sus muestras solo desde el estacionamiento. Sudado y mojado por la lluvia. Me dio una presentación engargolada — de las que se hacían antes. Me encantó. Le dije: al regresar a México te escribo y comenzamos la distribución.

Y así conocí a Mark. Uno de los amigos que más quiero. Él tiene más de sesenta, yo tengo treinta y siete. La diferencia de edad no es una barrera — es una fortaleza. Yo aprendo de su experiencia. Él se alimenta de mi energía. Hacemos negocios extraordinarios. Pero lo que más disfruto es estar con él. Una relación que empezó con un correo que casi no abro, unas bancas mojadas y un papel engargolado — y se convirtió en una de las amistades más valiosas de mi vida.

Unos llevan conmigo toda la vida. Otro llegó un día lloviendo con un papel engargolado. Pero todos comparten lo mismo: me hacen ser alguien que solo no podría ser.

¿Y tú — con quién andas?

— III —

AFILA TU ARMA

Ya sabes lo suficiente.
¿Para qué sigues buscando? Ya tienes tu opinión formada. Relájate. Pon el piloto automático. Funcionó hasta hoy — ¿por qué no va a funcionar mañana?

No necesitas pensar más. Necesitas dejar de complicarte.

LA CHISPA

• • •

Hay un mundo desconocido. La curiosidad lo descubre.
El cuestionamiento lo abre.

Tenía seis años y hasta hoy no lo puedo olvidar. Mi papá tenía un ritual diario. Llegaba a casa a las ocho de la noche del trabajo. Convivíamos un rato y a las ocho y media en punto nos metía a dormir. Pero no sin antes leernos algo, contarnos algo o preguntarnos algo. A los seis años mi papá ya nos hablaba de mitología griega, de eventos históricos, de Egipto, de las pirámides, de física cuántica. Sí, parece una exageración, pero lo prometo: es verdad. Un niño de seis años escuchando sobre el universo, sobre civilizaciones antiguas, sobre cómo funciona la materia. No porque mi papá quisiera que fuéramos genios. Porque mi papá era curioso — y la curiosidad se contagia.

Un día, en una de esas pláticas por la noche, me dijo algo que cambió mi vida para siempre. Mi papá se dedicaba a la confección de ropa interior. Y me preguntó:

—¿Te imaginas que existiera un material o una sustancia que se pudiera poner en la ropa, que se expanda cuando haga calor para dar más frescura y se contraiga cuando haga frío para preservar el calor?

Me quedé viéndolo sin entender del todo, pero fascinado. Y luego me dijo:

—El fin de semana vamos a ir juntos a la biblioteca de la UNAM y vamos a investigar si es posible. ¿Te imaginas qué invención tan impresionante sería?

Llegamos el domingo por la mañana a la biblioteca de la universidad más importante de México. Libros por todas partes. Mi papá le hizo la pregunta a la bibliotecaria y ella nos guio a una sección donde creyó que podía existir ese concepto. Mi papá sacó libros, empezó a leer, a buscar, a investigar. Yo era muy pequeño para leer o entender lo que hacía. Pero me senté con él. En silencio. Viéndolo buscar. Pasó el tiempo y me dijo:

—Mira, aquí está el concepto.

Resultó que sí era posible, pero el costo era demasiado alto para su uso comercial.

No importa si se pudo o no. La enseñanza que me quedó fue algo que marcó mi vida para siempre y me hizo ser la persona que soy hoy. Ese domingo en la biblioteca mi papá no me enseñó sobre materiales textiles. Me enseñó que existía un mundo desconocido, alcanzable solo por el cuestionamiento, al cual solo se podía acceder por medio de la curiosidad. Me enseñó que no hay pregunta tonta. Que no hay tema prohibido. Que la respuesta siempre está en algún lugar esperando a que alguien la busque. Despertó una curiosidad que hasta la fecha no se ha apagado — y espero que nunca lo haga. Ese fuego por saber. Por descubrir algo nuevo. Por preguntarme algo diferente. Por buscar la verdad.

No soy académico. Y en lo personal no me gusta el sistema educativo tal como existe. Lo que sí sé, es que la curiosidad no se enseña con libros de texto. Se contagia. Un padre que pregunta en voz alta, que investiga delante de sus hijos, que dice: "No sé, vamos a buscar" — ese padre está haciendo algo que ningún salón de clases puede hacer. Lo sé porque lo viví. Y lo veo todos los días cuando me siento con mis hijos a hacerles una pregunta que no tiene una respuesta fácil. La llama pasa de mano en mano. O se apaga.

La curiosidad no es una cualidad menor. Es lo que separa a las personas que construyen algo de las que solo observan. He conocido personas con menos talento, menos recursos y menos contactos que otros — y llegaron más lejos. La diferencia siempre fue la misma: no dejaron de preguntar. No se conformaron con la primera respuesta. Su enemigo más poderoso no era la competencia ni el mercado. Era la conformidad — la idea de que ya saben suficiente, de que ya no necesitan buscar, de que lo que tienen es lo que hay. Ese enemigo es silencioso. Y gana de a poco.

Hoy, lo que antes requería ir a la Biblioteca Central de la UNAM un domingo por la mañana está a un clic de distancia. Porque las respuestas siempre estuvieron ahí. Lo que falta son personas con la curiosidad suficiente para ir a buscarlas.

Por siempre voy a estar agradecido con mi papá. Sin él, no hubiera habido chispa. Y una vida sin chispa es una vida que simplemente pasa — sin incendiar nada, sin dejar nada encendido. La pregunta que me hago — y que te dejo — es si la tuya todavía arde. Porque cuando arde de verdad, siempre encuentra a quien contagiar.

EL RADAR

• • •

No puedes ver lo que no sabes que existe. Y si nunca has visto con claridad, crees que lo borroso es lo normal.

Cada vez que manejaba de noche, por alguna razón me volaba los topes. No veía bien los cruces. Las señales me llegaban tarde. Según yo, tenía la vista perfecta. Mi esposa me decía lo contrario. No le creía.

Un buen día, saliendo del cine, vimos una óptica en el centro comercial y mi esposa insistió en que me hiciera una prueba.

—Seguro no ves bien.

Le seguí la corriente sin tomarla en serio. Me hacen el examen y sale que sí — astigmatismo y miopía. Me dicen:

—Necesitas usar lentes. No sé cómo le haces para ver de lejos.

Muy raro. Según yo, todo estaba perfecto.

Pasaron dos semanas. Los lentes de armazón llegaron. Me los puse.

Y vi otra realidad.

No sabía que las luces en la noche brillaban así. No sabía que las hojas de los árboles tenían tanta definición. No sabía que el mundo se veía tan nítido. Ese día entendí algo que va mucho más allá de unos lentes. Había vivido años viendo una versión borrosa de la realidad — y no lo sabía porque nunca había visto la versión clara.

La mayoría de las personas viven sin radar. No porque no puedan ver — sino porque nunca se pusieron los lentes. Caminan por las mismas situaciones, las mismas personas, las mismas oportunidades — y no registran nada porque no saben qué buscar. Mirar es pasivo. Observar es activo. Hay una diferencia enorme entre los dos verbos — y esa diferencia decide lo que ves y lo que se te escapa.

Yo aprendí a observar a la fuerza. De joven me senté con personas que construyeron cosas que yo quería construir. No les pregunté su secreto, las observé. Cómo tomaban decisiones. Cómo manejaban la presión. Cómo trataban a las personas que no les podían dar nada a cambio. Los patrones estaban ahí, visibles, a la vista de cualquiera. Pero solo los ve quien llega con la visión correcta. El radar no es un don. Es una decisión de llegar a cada situación con los ojos abiertos — no solo los físicos.

El día que me puse los lentes descubrí un mundo que siempre estuvo ahí. Y entendí que el problema nunca fue el mundo. Fui yo — que llevaba años creyendo que lo borroso era lo normal.

EL ARTE DE CONECTAR

• • •

La comunicación no es lo que dices. Es lo que el otro entiende.
Y lo que el otro siente.

Hice un ejercicio que cambió la forma en que me veo a mí mismo. Me puse a analizar en qué se iba mi día realmente. No lo que decía mi agenda — lo que de verdad hacía hora por hora. Y el resultado me sorprendió. Yo creo que me dedico a los negocios, a comprar, a vender, a crear. Pero cuando fui honesto sobre el común denominador de todo, la realidad es otra: me paso el día conectando. Cada reunión, cada llamada, cada negociación, cada cena — todo lo que hago, en el fondo, es comunicarme con los demás. La comunicación no es un complemento de lo que haces — es lo que haces. Todo lo demás son herramientas. La comunicación es el vehículo que las lleva al mundo.

¿Tú a qué te dedicas realmente? Si te quitaran las etiquetas — el título, la industria, el producto — ¿qué haces todo el día? Probablemente lo mismo que yo. Hablar. Escuchar. Convencer. Transmitir. Conectar. ¿Y cuánto tiempo inviertes en mejorar eso?

Cuando tenía veintidós años logramos adquirir la distribución de una marca muy importante. En contra de todo pronóstico. Éramos mi hermano, mi socio y yo — unos niños con más ganas que planes, sin experiencia, sin historial, compitiendo contra empresas que llevaban décadas en el mercado. No teníamos ninguna razón lógica para ganar. Pasados los años le pregunté a la directora de ventas internacionales:

—¿Por qué nos diste la oportunidad?

Me dijo:

—Sabía que no tenían experiencia. Probablemente tampoco los recursos. Pero vi el entusiasmo con el que hablaban — y aposté por ustedes.

No ganamos por experiencia. No ganamos por recursos. Ganamos porque se transmitió algo que no se puede poner en un currículum. La gente no compra productos, no compra ideas, no compra argumentos — compra la energía de quien se los presenta. Si alguien habla con fuego en los ojos, con convicción en la voz, con una pasión que no puede contener, mueve. Eso conecta. Eso abre puertas que la lógica no puede abrir.

Y aquí viene lo que me costó años entender. Con los clientes, los socios, los amigos — todo fluía. Podía convencer, transmitir, conectar. Pero en casa, con mi esposa, en los momentos que más importaban — no podía articular. Sabía exactamente lo que sentía, pero las palabras salían mal o no salían. Y es que, entre más amas, más difícil es. Decir un te amo es más difícil que vender un producto. Porque vender no te expone. Amar sí.

Pero comunicar no es solo hablar. La mitad más importante de la comunicación es la que casi nadie practica: escuchar. ¿Cuántas veces estás en una conversación pensando en lo que vas a decir en vez de escuchar lo que te están diciendo? ¿Cuántas veces respondes sin haber entendido lo que realmente te preguntaron? Solo escuchando entiendes qué necesita el otro, qué le preocupa, qué lo mueve. Y con eso puedes construir algo que realmente conecte. Sin eso estás respondiendo a una conversación que no existió.

¿Con cuánto entusiasmo le cuentas a un cliente sobre tu producto? ¿Y con cuánto le dices a tu hijo que estás orgulloso de él? Si la respuesta no es la misma, algo está al revés.

Aprendí a comunicar para ganar. Todavía estoy aprendiendo a comunicar para amar.

EL *SOFTWARE*

• • •

La mente no distingue entre una llanta ponchada y perder una fortuna. La piedra pesa lo mismo. Siempre.

Tengo una teoría: todo está en la mente. Todo. Y déjame contarte cómo lo descubrí.

Todo iba bien. Ventas en máximo histórico. Utilidad ni se diga. Optimismo. Éxito tras éxito. Y de pronto llega el problema. No era una situación menor sino un problema gigante. Una decisión superincómoda que tenía que tomar. Bastante riesgosa. Había cometido un error años atrás. Sin dolo, pero fue un error. Lo acepto. Era un jueves por la tarde. Venía el fin de semana y aún no sabía la magnitud exacta, pero era grande.

El viernes por la tarde iba en el coche. Mudo. Con una piedra en la cabeza. Algo que me incomodaba en todo momento. No podía pensar en otra cosa. Por la noche, cerré los ojos intentando descansar, pero mi mente empezó a volar. Empezó a cuantificar el error. Empezó a ver una amenaza que no existía cuarenta y ocho horas antes. Y me pregunté: "¿Cómo puede ser que mi estado mental haya cambiado tan rápido?" Hace dos días estaba en la cima. Ahora estaba hundido. Nada en mi vida real había cambiado excepto una cosa — lo que mi mente estaba procesando.

Fueron días muy difíciles. Una pérdida muy importante. Recé. Supliqué. Necesitaba saber qué debía hacer. Unos días más tarde finalmente acepté: debo pagar esto. Cueste lo que cueste. Cuantifiqué — era una fortuna. Lo acepté. Al siguiente día lo pagué. Y de pronto mi mente quitó esa piedra que me incomodaba. Estaba liberado. Con solo haberlo aceptado y pagado ya no había rastro. Era libre nuevamente.

Pero lo increíble fue lo que vino después. El dinero ya no estaba en mi cuenta. Pero el problema tampoco. ¿Cómo podía ser que lo que hace unos minutos me aterraba ya lo había olvidado? La cantidad era enorme. La pérdida era real. Pero mi mente ya había pasado la página como si nada hubiera pasado.

Y entonces me vino a la mente otro momento. Recién casado. Presupuesto limitado. Se me ponchó una llanta y no tenía reparación. Había que comprar una nueva. Al vivir con un presupuesto limitado, eso generó la misma piedra en mi cabeza. La misma exactamente. La misma incomodidad. La misma presión. El mismo peso. Pero el problema era miles de veces más pequeño.

Y me pregunté: ¿cómo puede ser que dos problemas de tan diferente magnitud generen el mismo estado? La llanta costaba una fracción de lo que acababa de pagar, pero la sensación era idéntica. Y la respuesta me cambió la forma de ver la vida: el contexto cambia, las cifras cambian, pero la mente se ocupa de igual forma para algo grande que para algo chico. La piedra pesa lo mismo. Siempre.

TU MENTE ES MI CAMPO DE BATALLA FAVORITO.
NO NECESITO INVENTAR AMENAZAS. USO LAS TUYAS.

Y hay algo más que entendí ese día. Siempre se nos vende la idea del retiro — trabajar para un día terminar y ahora sí a vivir. Pero entendí que la mente siempre se tiene que ocupar de algo. Y si no son cosas grandes, igual se va a ocupar de algo menor. Pero siempre va a haber una piedra. La diferencia es el tamaño de lo que estás construyendo alrededor de ella. Entendí que el camino es el destino. No al revés. Que la mente siempre debe estar en algo — y qué mejor que ese algo sea algo grande. Algo grandioso. Algo que valga las piedras que inevitablemente van a venir.

La mente le da el mismo peso a la llanta y a la fortuna. Y si tú no intervienes, ella decide por ti — con el mismo pánico para todo. Para lo que importa y para lo que no.

El *software* corre solo. La pregunta es: ¿quién lo programó?

EL ALUMNO Y EL MAESTRO

• • •

Todos miramos hacia arriba y vemos imposibles. Todos miramos hacia abajo y vemos obviedades. La diferencia está en desde dónde estás parado.

He tenido la fortuna de estar muy cerca de mi cuñado Adolfo. Juntos hemos compartido mucho. Iniciamos nuestros negocios, invertimos y buscamos el desarrollo personal.

Mi cuñado es un fenómeno: íntegro y capaz, bondadoso pero ambicioso, siempre inquieto. Un hombre al que admiro profundamente.

Hace unos años, empezó con nuevas aspiraciones. Había alcanzado la cima en su negocio y tenía hambre de más. Me dijo:

—Quiero hacer mi propio camino en bienes raíces.

Le contesté:

—¿Cómo le vas a hacer con tu negocio actual y este nuevo?

A lo que me respondió:

—Investigaré, y haré todo lo que sea posible para lograrlo. Estoy seguro de que esto es lo que debo hacer.

Pasó el tiempo y conoció a un empresario. Conectó con él desde el primer momento. Resulta que este hombre había empezado de la nada y se había convertido en uno de los jóvenes inversionistas en bienes raíces más exitosos de México.

Al cabo de poco tiempo, mi cuñado me dijo:

—Este es mi primer proyecto.

Me invitó a ser parte del grupo inversionista. Me dijo el monto y quedé pasmado. Una parte de mí quería que lo hiciera. La otra me preocupaba.

—¿Cómo? ¿Tu primer proyecto va a ser de ese tamaño? ¿Cómo le vas a hacer?

A lo que me contestó:

—Le dije lo mismo a mi amigo el empresario. Y él me contestó: "Tranquilo. Todo sale. Lo único que te puede detener eres tú".

Quedé asombrado. Y un poco dudoso. Una parte de mí sabía que lo iba a lograr. Pero otra pensaba que sería difícil y arriesgado.

Pasaron semanas. Y sentía la ansiedad. No solo la mía — la de él también. Tenía que cerrar un grupo de inversionistas en tres meses. Había tomado un reto enorme y el peso se sentía. Pero había algo en él que yo reconocía: confiaba. No con la confianza ingenua del que no sabe lo que arriesga, sino con la confianza del que lo sabe perfectamente y decide avanzar de todos modos.

Al cabo de unos meses, cerró el grupo. Compró la propiedad. Y una sonrisa silenciosa salió de mí.

¿Cómo fue posible? ¿Cómo tan rápido? La respuesta estaba en que el empresario ya lo había visto antes. Ya sabía el proceso. Entendía que cuando una persona capaz se pone una meta, la única limitante es si puede creer.

De esa experiencia saqué dos lecciones profundas.

Mi cuñado es el alumno de ese empresario. Y al mismo tiempo es mi maestro. Lo que al empresario le parecía un proyecto chico, a mi cuñado le parecía algo grande. Lo que a mi cuñado le parecía algo grande, a mí me parecía algo enorme. La misma cadena. El mismo mecanismo. Tres personas, tres niveles, una sola dinámica: el que ya lo vivió ensancha al que todavía no.

Y eso solo pasa si te pones en el lugar correcto. Frente a alguien que ya recorrió el camino que tú quieres recorrer — con humildad, reconociendo que en esa área, en ese momento, el otro sabe más. No como rendición. Como decisión inteligente.

Lo mismo pasaba al revés. Donde mi cuñado me abría la mente en inversiones, yo le abría en el crecimiento personal.

Donde yo era alumno, él era maestro. Donde él era alumno, yo era maestro. Al mismo tiempo. En la misma relación. No necesitas ser el mejor en todo. Necesitas reconocer dónde eres alumno — y tener la humildad de aprender. Y reconocer dónde eres maestro — y asumir la responsabilidad de elevar.

¿En qué área de tu vida necesitas sentarte frente a alguien que ya lo hizo? ¿Y a quién deberías estar elevando con lo que ya sabes?

El alumno que no busca un maestro se limita. El maestro que no eleva a su alumno desperdicia lo que aprendió. Pero el hombre que se deja elevar y eleva a otros — ese hombre nunca deja de crecer. Una mente que se ensancha nunca regresa a su forma original.

— IV —

LO QUE NO SE VE

Eso que sientes no es real.

Es cansancio. Es emoción. Es tu mente buscando algo que no existe. Los hombres fuertes no hablan con Dios en el coche. Los hombres inteligentes no confían en lo que no se puede medir. Lo que no tiene datos no tiene valor.

Sé práctico. Deja de buscar lo que no está.

MÁS ALLÁ

• • •

Lo que crees que te sostiene puede fallar.
Lo que de verdad te sostiene, nunca.

Te da gripa. Estás en tu casa. Fiebre, cuerpo cortado, no te sientes bien. Pero no te preocupa. Hay una farmacia a tres cuadras. Hay un doctor a quince minutos. Tienes tu cama, tu medicina, tu teléfono. Te sientes mal — pero seguro. Sabes que alguien te puede ayudar.

Ahora imagina otra cosa.

Te vas a acampar con tu familia. Un bosque lejos de todo. A cuatro horas del hospital más cercano. Sin señal. Sin farmacia. Sin nada. Solo árboles, silencio y tu familia durmiendo en una tienda de campaña.

La primera noche empiezas con un resfriado. No te preocupa — hace frío, es normal. Al segundo día la fiebre sube. Al tercer día, a las tres de la mañana, te despiertas con un silbido en el pecho. No puedes respirar bien. La calentura te quema. Volteas a ver a tus hijos dormidos. Y sientes algo que nunca habías sentido: estás completamente solo frente a lo que viene. No hay nadie a quien llamar. No hay nadie que te rescate. Estás tú, tu cuerpo y la oscuridad del bosque.

Esa ansiedad. Ese vacío. Esa sensación de que no hay red debajo de ti. De que lo que viene, viene — y no hay nada entre tú y lo que sea que suceda.

Así se siente vivir sin Dios.

No cuando todo va bien. Cuando todo va bien no lo notas. Se siente cuando el silbido llega a las tres de la mañana y no hay a quien llamar. Cuando el diagnóstico no tiene explicación. Cuando el mundo se oscurece y no hay farmacia a tres cuadras. Ahí es donde la diferencia entre vivir con Dios y sin Él se vuelve la más importante de tu vida.

Quien vive con Dios no deja de enfermarse. Pero tiene gripa en su casa — no en el bosque. La enfermedad es real y nadie dice que no duela. Pero hay alguien cuidándote. Hay una red. Hay un doctor que no ves pero que sabe exactamente lo que tienes. No desaparece el dolor — pero cambia completamente cómo lo vives.

Estaba pasando por un mal momento. Iba solo en mi coche y empecé a rezar en voz alta. Sin planearlo. Sin estructura. Solo hablaba. Y me di cuenta de que estaba hablando con Dios. Así, directamente. Como se habla con alguien que está sentado al lado. Y me sentí bien. Me sentí escuchado. No recibí una respuesta audible. Pero algo dentro de mí se acomodó en ese momento. Como si el simple acto de hablar con Él ya fuera suficiente.

Y entonces me pregunté algo que cambió mi vida: ¿por qué no hacerlo diario? ¿Por qué esperar a ir al templo para hablar con Dios? Dios está en todas partes. Puedo hablar con Él en cualquier momento. A partir de ese día comencé a platicar con Dios — aparte de mi rezo diario, que está estructurado y tiene su lugar. Esto es diferente. Informal. Real. Lo hago en momentos simples. Regularmente cuando me subo a mi coche de camino a la oficina. Solo un par de minutos. Reflexiono. Agradezco. Pido. Platico. A veces le cuento lo que me preocupa. A veces solo digo gracias. A veces no digo nada y solo estoy ahí, consciente de que no estoy solo.

No sé qué haría sin Dios. No sé cómo navegaría este mundo sin la certeza de que hay alguien cuidándome. Dios no es un concepto para mí. Es todo. Es una presencia. Es lo que sostiene todo lo demás cuando todo lo demás se tambalea. Y después de años de buscarlo y encontrarlo — lo único que puedo decir es que nunca me ha fallado. Nunca.

Yo ya estuve en el bosque. A las tres de la mañana. Con el silbido en el pecho. Y te puedo decir una sola cosa: no estaba solo.

ALGUIEN TE ESTÁ HABLANDO

• • •

Dios habla. La pregunta es si escuchamos. Dios enseña. La pregunta es si observamos. Dios guía. La pregunta es si seguimos.

Todos los días veo la mano de Dios. No en lo extraordinario — en lo cotidiano. En la persona que aparece justo cuando la necesitaba. En la puerta que se cierra y tres meses después entiendes que te protegió de algo que no podías ver. En las coincidencias que no son coincidencias. No con carteles enormes ni instrucciones escritas en el cielo — sino con señales sutiles que requieren atención para ser captadas.

En mi vida siempre he actuado en contra de la lógica. Las oportunidades más importantes no llegaron por un plan calculado — llegaron porque vi una señal y actué. Dios pone la pista, pero tú tienes que dar el paso. Él abre la puerta, pero tú tienes que cruzarla. En tiempo presente es difícil saber el porqué. Pero cuando miras hacia atrás y conectas los puntos, lo que ves te llena de asombro: cada cosa fue perfecta.

Estaba pasando por uno de los momentos más difíciles de mi carrera. Gran parte de lo que construí durante dieciséis años se esfumó. No por mal desempeño — por el éxito. La marca que construimos con tanto empeño, trabajo y constancia fue tomada por quienes nos la habían confiado. Decidieron que ya no la manejaríamos nosotros. Fueron días de prueba. Días oscuros.

Pero ese fin de semana hice algo que normalmente no hago. Llegué a mi casa, mis hijos me pidieron que viéramos una película juntos, y mi esposa sugirió *The Greatest Showman.* Yo nunca la había visto. La película cuenta la historia de un hombre que nace sin nada y le promete a su esposa que le va a dar todo. Construye un imperio. Lo logra. Pero en el proceso pierde el foco — se aleja de lo que más importa. Su esposa. Sus hijas. Su hogar. Y cuando todo se le derrumba, entiende que lo que buscó siempre estuvo frente a él. La última línea me destrozó:

> *Todo lo que siempre quisiste, todo lo que creíste necesitar, ya está aquí, frente a ti. Aquí es donde querías estar.*

Esa frase. En ese momento. Sentado con mis hijos. Con mi esposa al lado. En mi casa. Rodeado de todo lo que soñé para ser feliz. Fue un mensaje de Dios tan claro que no necesitaba interpretación. Esa señal me fortaleció. Me dio perspectiva. Me recordó qué es lo verdaderamente importante.

Estar despierto es una disciplina. Es vivir con los sentidos abiertos. Las señales no gritan. Susurran. Y en un mundo lleno de ruido, solo quien guarda silencio las escucha.

Y hay algo que la retrospectiva te regala: la confirmación de que el plan siempre fue perfecto. Cuando miras hacia atrás, cada señal que seguiste te llevó exactamente a donde necesitabas estar. Todo cuadra. Todo encaja. No siempre lo ves en el momento — pero cuando lo ves, la única respuesta posible es gratitud.

Alguien te está hablando. Siempre lo hizo.

EL VERDADERO TÚ

• • •

Todos la oímos. Muy pocos la escuchan.

Mi mamá es un fenómeno. Única e irrepetible. Es un personaje especial — amorosa, impulsiva, sensible, alegre. Habla con más cariño del que se pueda describir. *Corazón, chaparrito, mi amor, mi rey* — son solo algunas de las palabras que usa para entablar cualquier conversación con cualquier persona. Vive su vida a su modo, a su ritmo. Es un *show.*

Pero lo que más me marcó de ella es su inteligencia emocional.

Desde chico yo era muy sensible, y no me gustaba aparentarlo. Tenía fama de ser fuerte y mostrar mis emociones no era conveniente. Un día llegué de la escuela con algo que me pesaba. Un problema con un amigo, algo que me había dolido. No dije nada. Pero mi cara no mentía. Se me movía la boca hacia abajo, como si hiciera un puchero, y yo trataba de esconderlo.

Mi mamá me vio. Y en vez de dejar que me lo tragara, me dijo algo que nunca voy a olvidar:

—Llora. Sácalo. No lo dejes dentro.

Al principio me incomodó. Pero ella insistió. Llora.

Y de pronto las lágrimas salieron. Sentí un alivio que no sabía que necesitaba. Y todo cambió.

Mi mamá me enseñó a sentir cuando el mundo me decía que no lo hiciera. Ese día no solo aprendí a llorar — aprendí a escucharme. Y mi intuición empezó a despertar.

Hay una voz dentro de cada persona. No es la voz que piensa. No es la voz que calcula. Es la que sabe. La que siente antes de que puedas explicar por qué. La que te dice que algo no está bien cuando todo parece estar bien. La que te empuja hacia una decisión que no tiene lógica pero tiene verdad.

Todos la oímos. Casi nadie la escucha.

Porque escucharla requiere algo que el mundo no te enseña: estar en silencio. Bajar el ruido. Dejar de correr. Permitirte sentir sin juzgar, sin racionalizar, sin tapar. La intuición no grita. Susurra. Y si tu vida está llena de ruido — de distracciones, de opiniones ajenas, de urgencias — nunca la vas a escuchar.

Con el tiempo aprendí que la intuición no es magia. Es todo lo que viví, sentí y procesé hablándome al mismo tiempo. Es mi cuerpo avisándome antes de que mi cabeza entienda. Tardé años en confiar en ella — me había entrenado para justificar cada decisión con datos, con argumentos, con lógica. Y cada vez que la ignoré, pagué el precio.

Lo que no sabía es que la intuición se afina. Esa tarde con mi mamá fue la primera vez que me quedé con una emoción sin huir de ella. Y algo se abrió. Cada vez que me permito sentir — aunque duela, aunque no entienda por qué — escucho más claro. No es un don. Es un músculo. Y se entrena exactamente así: sintiéndolo.

Hay una voz dentro de ti que sabe exactamente quién eres. No la que duda. No la que calcula. La que siente. La que susurra. La que lleva toda la vida esperando que te quedes lo suficientemente quieto para escucharla.

Esa voz eres tú. El verdadero tú.

ZENO

• • •

Nada que dejes de observar sobrevive.

Hay una ley en la física que dice que todo tiende al desorden. Se llama entropía. Tu casa se ensucia sola. Tu cuerpo se deteriora con el tiempo. Las cosas se rompen, se oxidan, se desgastan. Nadie tiene que hacer nada para que algo se degrade — el universo se encarga solo. El desorden es lo natural. El orden requiere esfuerzo.

Pero hay algo en la física cuántica que desafía esa ley. Se llama el Efecto de Zeno. Y dice algo que me dejó sin palabras la primera vez que lo escuché: cuando observas una partícula, la congelas. Su proceso de descomposición se detiene. Mientras la miras, no cambia. El simple acto de observar sostiene lo que es.

Leí eso y algo se encendió dentro de mí. No como dato curioso — sino como verdad. Porque yo ya lo había vivido. Solo que no sabía cómo se llamaba.

Cuando nació mi primera hija le compré una camioneta a mi esposa. Era la que siempre había querido. La usó seis años. Después yo la usé. Estaba impecable. Como nueva. La tuve cuatro años más. Siempre estuvo así. Limpia. Perfecta. Cuidada.

Yo la veía y sentía orgullo. La apreciaba. Me hacía feliz. No necesitaba nada más.

Un día, platicando con mi amigo Gabriel, me dijo algo casual: ¿no has pensado en cambiar tu coche?

No me había pasado por la mente. Yo era feliz.

Pero esa semilla empezó a germinar. Y de pronto empecé a ver cosas que antes no veía. Un rayón que siempre estuvo ahí. Un ruido que antes no escuchaba. Ya no era la misma camioneta. Era vieja. No era la mejor. Empezó a tener fallas. Pequeños deterioros. Cosas que antes no existían — o que siempre existieron, pero mi mirada no las registraba.

¿Cómo era posible? Diez años impecable. Y de pronto, a raíz de una pregunta, todo empezó a desmoronarse.

La respuesta es el Efecto de Zeno.

Mientras yo la observaba con aprecio — mientras la valoraba, mientras la cuidaba con la mirada — la camioneta se sostenía. No porque fuera mágica. Porque mi atención la mantenía viva en mi mundo. El día que dejé de mirarla con esos ojos, la entropía ganó. No cambió la camioneta. Cambió mi forma de observarla. Y eso fue suficiente para que todo se viniera abajo.

Y entonces entendí algo más. Si dejar de observar causó el deterioro — entonces observar la había conservado durante diez años. No fue suerte. No fue que la camioneta fuera indestructible. Fue que yo la estaba sosteniendo con la mirada sin saberlo. Mi atención era la fuerza que se oponía a la entropía.

Si funciona para mal, funciona para bien.

El día que entendí eso, cambió mi forma de vivir. Empecé a observar todo lo que quería conservar. No de pasada. No de lejos. Observar de verdad. Mi matrimonio. Mis hijos. Mi salud. Mi negocio. Mi fe. No esperando a que algo fallara para ponerle atención — sino observándolo desde antes. Porque lo que observas no necesita reparación. Lo que observas se sostiene solo.

Es la ley más simple y poderosa que conozco. El universo empuja todo hacia el desorden. Tu observación es lo único que empuja de vuelta. No es magia. No es optimismo. Es física. La misma fuerza que congela una partícula en un laboratorio es la que sostiene tu vida cuando le pones los ojos encima.

No necesitaba un coche nuevo. Necesitaba no dejar de observar el que tenía. Y eso aplica a todo lo que amo.

Tus bendiciones no se van porque te las quiten. Se van cuando dejas de verlas. Observa lo que tienes. Observa todos los días. Y lo que observes con gratitud no va a necesitar reemplazo.

— V —

ENCIENDE

Todavía no.
Piénsalo mejor. No tienes toda la información.
No es el momento. Hay demasiado riesgo.
Primero asegura lo que tienes y después... —
después sí. Cuando estés listo. Cuando sea
seguro. Cuando no haya nada que perder.

Falta poco. Espera un poco más.

EL FUEGO

• • •

No es la disciplina. No es el plan. Es el deseo. Sin fuego no hay nada. Todo lo demás es consecuencia.

Todo lo que vale la pena en mi vida empezó con deseo. No con un plan. No con una estrategia. No con disciplina. Eso vino después. Lo primero siempre fue una fuerza que me levantaba cuando yo no tenía razones para hacerlo. Sin eso, nada de lo demás habría existido. Puedes tener el mejor mapa del mundo — pero si no tienes el deseo de caminar, el mapa no sirve de nada.

Pero el fuego no siempre está encendido. Hay temporadas donde la rutina lo sofoca. Donde la comodidad lo adormece. Donde ya no sientes esa urgencia que antes te movía. Me ha pasado. Y cuando me ocurre, sé que no se fue. Solo necesita un estímulo.

Hace poco hice un viaje con mi esposa, mi amigo Nico y su esposa. Personas que adoro y con quienes comparto mucho. Tenemos la fortuna de estar alineados en los gustos, en las formas, en lo que nos motiva y nos recarga. Un día en el mar. Agua cristalina. Colores azules que jamás había visto. Todo era mágico. Sonaba una mezcla entre *chill* y *house*, — esa música electrónica que tiene ritmo, variaciones y un poco de voz. Sofisticada y cálida a la vez.

Y de repente llega el momento de la verdad. El primer chapuzón. Clima fresco de mayo. Agua fría. No más de veintiún grados. Nico salta y me dice: tírate. Esto está espectacular.

Lo dudé. Hacía frío. Mi cuerpo decía que no. Pero me tiré.

Rompí la tensión del mar con el clavado y entré a profundidad. Sentí el agua envolver todo mi cuerpo. Fría. Pura. Un agua diferente que me revitalizó por completo. Que me hacía sentir algo que antes no había sentido.

Estuvimos horas nadando. Ni él ni yo queríamos salir. Terminó el día, no sin antes ir a un restaurante en la playa. Paella. Ensaladas. Pescado. El olor del mar mezclado con el de la cocina. Valoré lo más simple. El olor del aceite de oliva. El sabor del jitomate fresco. Comida auténtica. Experiencia real.

Fue el día que vi más claro que el deseo se puede despertar con algo externo. Algo que entra por los sentidos y te enciende por dentro.

Mar. Música. Una isla paradisíaca. Ver. Escuchar. Sentir. Y en esa mesa frente al mar — oler y saborear. Los cinco sentidos despiertos al mismo tiempo. Ese día se abrieron todas las puertas.

Lo que antes no existía ahora ardía dentro de mí. A partir de ese momento tenía un nuevo objetivo: volver a vivir algo así. Y también algo diferente. Algo que mantuviera esa llama viva. Porque cuando el deseo crece, todo lo demás crece con él. Lo que buscas. Lo que construyes. Lo que das. Lo que recibes.

Pero ese deseo depende de algo externo. Y hay días en que no tienes nada de eso.

Hay otro fuego. Uno que no necesita un mar ni una canción ni una isla. Uno que se prende solo, adentro, sin que nada lo provoque. Es el que aparece en la madrugada cuando no puedes dormir — no por ansiedad sino porque algo dentro de ti te dice que todavía no diste todo. Es una promesa que te hiciste y que no vas a romper. Un enojo silencioso contra tu propia mediocridad.

El fuego externo te despierta. El fuego interno no te deja parar.

Los dos son necesarios. Pero si tuviera que elegir uno — me quedo con el que no depende de nada ni de nadie para arder.

LA PRUEBA DE YOSEF

• • •

Hay una fuerza dentro de cada ser humano que tiene el poder de crear vida. Esa misma fuerza, mal dirigida, tiene el poder de destruirla.

En la tradición judía, solo a un hombre se le conoce como *HaTzaddik* — El Justo. No fue un rey. No fue un profeta. No fue un guerrero. Fue Yosef. Un joven vendido como esclavo por sus propios hermanos. Solo. Lejos de todo. Sin nadie que lo viera. Sin nadie que lo juzgara. Y en el momento de mayor vulnerabilidad — cuando todo en su cuerpo le decía que sí — dijo que no. Dominó el impulso más primitivo que existe dentro de un ser humano. Y esa decisión — una sola decisión en un instante donde nadie lo habría culpado por ceder — fue lo que desencadenó todo lo que vino después. La abundancia. La posición. La capacidad de salvar a su familia y a naciones enteras. Todo empezó con un no.

Crecí creyendo que el mejor era el que más ligaba. El que llegaba solo al antro y salía acompañado. El que podía con todas. Esa era la vara. Eso era ser hombre.

No lo voy a negar. Me gustaba.

Pero cada vez que "ganaba" algo no cuadraba. Era solo un chispazo que duraba un momento y me dejaba vacío. En lo más íntimo que tiene un ser humano — entregado sin conexión, sin intención, sin nada real detrás. Y al día siguiente, nada. Como si no hubiera pasado.

Así crecí. Midiendo mi valor con la vara equivocada. Confundiendo conquista con hombría. Y sintiéndome vacío sin poder explicar por qué.

Hasta que conocí a mi esposa.

Todo cambió. No fue un chispazo. No fue un impulso: fue una decisión. No fue vacío — fue la primera vez que sentí plenitud. Esa misma fuerza que yo había regalado sin sentido se convirtió en algo completamente distinto cuando la dirigí con amor. Con intención. Con entrega real. Descubrí que la conexión verdadera no nace del instinto — nace del alma.

Y entendí algo que nadie me enseñó: el impulso contenido dentro de un marco no es menos potente. Es más. Mucho más. Lo que el mundo vende como libertad —hacer lo que quieras, con quien quieras, cuando quieras— es la versión más débil de esa fuerza. La versión fuerte es elegir a alguien. Dirigir hacia dónde. Construir algo sagrado con esa energía en vez de quemarla en un chispazo que no deja nada.

Me hubiera gustado que alguien me lo dijera a los quince años. Que lo que me estaban vendiendo como hombría era la versión más barata de lo que realmente podía sentir. Pero nadie me lo dijo. Tuve que descubrirlo solo — y pagar el precio del vacío.

¿Cuánto te costó descubrirlo?

La fuerza más grande no es la del que puede con todas. Es la del que elige a una.

DISPARA

• • •

Una idea sin acción es una ilusión. La diferencia entre soñar y lograr se escribe con una sola palabra: hacer.

Tengo que confesar algo: tengo un superpoder. Ese superpoder es mi hermano. Es el complemento perfecto para mí — y espero yo serlo para él. Juntos, con el tiempo, desarrollamos un método. No tiene nombre formal. Es simple. Es acción.

Nos dimos cuenta de que tomar decisiones bien pensadas, con la información disponible — no con toda la información, con la disponible — era el mejor curso de acción. Entendimos que una persona que toma muchas decisiones y solo acierta en unas pocas es más efectiva que una que espera a tener el cien por ciento de la información para tomar una sola. Suena contraintuitivo. Suena irresponsable. Pero es matemática pura. Quien dispara más veces acierta más veces. Quien espera el tiro perfecto se queda con la bala en la recámara.

Diría que estamos al borde de la locura. Juntos nos damos cuerda. Enloquecimos del mismo mal — que en realidad es un bien. Analizamos, pensamos, intuimos, nos convencemos y tomamos la decisión de manera rápida. Si funciona, excelente. Si no funciona, nos retroalimentamos y ya tenemos más información para la siguiente. Hay veces que ganamos y hay veces que aprendemos. Pero nunca perdemos — porque incluso el intento fallido nos deja algo que no teníamos antes.

Y entendimos una cosa que cambió todo: es mejor intentar, fracasar y corregir que esperar al momento perfecto. Porque el momento perfecto no existe. Es una fantasía que tu mente inventa para protegerte del riesgo. Y mientras esperas ese momento, alguien con menos preparación, pero más voluntad de moverse ya tomó tu lugar.

Esto también es una habilidad que deja pasmada a la gente. Cuando ven la velocidad con la que decidimos, no lo pueden creer. Pero no es imprudencia — es convicción. Y la convicción no se explica. Se demuestra con acción.

Las ideas no valen nada. Suena duro, pero es la verdad más liberadora que puedes aceptar. El mundo está lleno de personas con ideas brillantes que nunca ejecutaron. Personas que iban a emprender, que estaban por lanzar algo, que tenían pensado hacer un cambio. El cementerio de los sueños no cumplidos está lleno de buenas intenciones y planes perfectos que nunca se convirtieron en acción. La acción es lo que separa al soñador del constructor. No la calidad de la idea. No la cantidad de preparación. Uno se movió y el otro no. Así de simple.

Hay una ley que me marcó profundamente: la Ley de la Intención Decreciente. Dice algo que todos hemos vivido, pero nadie articula: el momento de mayor motivación para actuar es el momento en que recibes la idea o tomas la decisión. Cada minuto que pasa después de ese momento, la intención disminuye. No se mantiene — se degrada. Como un hielo que empieza a derretirse en el instante en que lo sacas del congelador. Por eso las resoluciones de año nuevo fracasan. Por eso los proyectos que ibas a empezar el lunes nunca empiezan. Por eso la conversación difícil que ibas a tener mañana se convierte en la conversación que nunca tuviste. La distancia entre la decisión y la acción es donde mueren los sueños. Y esa distancia se agranda con cada segundo que dejas pasar.

Cada segundo que dejas pasar es un segundo que gano.

La solución es brutal en su simplicidad: el primer movimiento. Aunque sea pequeño. Aunque sea imperfecto. Aunque nadie lo vea. Ese primer paso arranca la inercia — y una vez que estás en movimiento, todo cambia. La acción imperfecta supera a la perfección estática. Siempre.

Los errores que cometes en movimiento se corrigen en movimiento. Los errores que cometes parado se llaman arrepentimientos.

EL SIGUIENTE *BUMP*

• • •

Lo que te paraliza no es el tamaño del problema.
Es que estás tratando de resolverlo completo.

Hace tiempo un empresario mexicano compartió una idea que nunca olvidaré: la técnica del salami. Dice que nadie nunca se comió un salami entero. Hay que rebanarlo. Pieza por pieza, y solo así te lo puedes terminar.

Empecé a aplicarlo en todo. Un pendiente a la vez. Una llamada a la vez. Un problema a la vez. Cuando algo se sentía demasiado grande, lo rebanaba. Y funcionaba. Lógico. Ordenado. Limpio.

Pero una cosa es saber algo con la cabeza. Otra muy distinta es saberlo con el cuerpo. Eso lo aprendí en una montaña.

Estábamos esquiando. Mis hermanos y otras personas que amo. Uno de esos días que no necesitan nada más — cielo azul, clima perfecto, montaña preciosa. Cada bajada era mejor que la anterior.

Teníamos que llegar a otro *lift* para alcanzar a los demás. Y ahí apareció un letrero: *Experts Only*. No le dimos tanta importancia. Había una pista marcada como intermedia. Avanzamos.

De pronto el paisaje cambió. Troncos. Rocas. Todo estrecho. Antes de seguir, sugerí: demos vuelta, regresemos a la pista principal.

Mi hermana dijo:

—Ya estamos aquí. Veamos de qué se trata.

Continuamos con precaución y llegamos a un punto donde ya no había retorno. Mi hermana se asomó al borde y dijo algo que nunca voy a olvidar:

—Ahora sí no tengo palabras.

Quien la conoce sabe lo que eso significa. Ella siempre es positiva. Siempre tiene algo que decir. Que se quedara sin palabras era la señal más clara de lo que venía.

Me asomé. Una montaña completamente empinada. Cientos de *bumps*. Estrecha. Peligrosa. Y abajo — muy abajo — la base.

Miré al grupo. Éramos de todos los niveles. Principiantes, intermedios, avanzados. Y sin embargo ahí estábamos todos — parados frente a la misma montaña.

Ya no había retorno. La única forma de continuar era descender.

El miedo te atrapa. Te paraliza. Y al mismo tiempo te resignas — porque no hay otra opción. La mente quiere planear. Quiere ver toda la bajada, calcular cada giro, anticipar cada obstáculo. Pero la pista es interminable. Y lo único que pasa por tu cabeza estando al borde es: "¿Y ahora cómo saldremos de esta?"

Comenzamos. Los primeros metros fueron brutales. El cuerpo te dice que gires. La mente te dice que pares. ¿Quién debe ganar? Ninguno. Lo que debe ganar es el siguiente movimiento.

Al cabo de unos minutos nos dimos cuenta de algo: no se puede planear cada paso. Tienes que ir resolviendo al instante. Un obstáculo a la vez. Un giro a la vez. Una bajada a la vez. El foco no puede estar en la montaña completa — el foco es únicamente qué voy a hacer en el siguiente *bump*.

Y conforme avanzas, cada paso te alimenta. Más experiencia. Más información. Más confianza. No porque la pista se vuelva más fácil — sino porque tú te vas volviendo más capaz con cada metro.

Nos tomó una eternidad. Pero llegamos. Todos llegamos. El experto más rápido. El principiante más lento. Pero la técnica fue exactamente la misma. No hay una versión avanzada de resolver tu vida.

En el *lift* de subida miramos hacia abajo. Una locura. Cientos de metros. Empinada. Estrecha. Llena de obstáculos. Y nosotros la habíamos bajado — sin plan, sin mapa, sin garantías.

Y en ese momento lo entendí de otra forma. Yo ya sabía que había que rebanar. Lo sabía con la cabeza. Lo había aplicado en juntas, en pendientes, en proyectos. Pero en esa montaña lo supe con el cuerpo. Con el corazón acelerado. Con las piernas temblando. Con la nieve en la cara. El salami es la versión racional. La montaña fue la versión real. Y hay cosas que no sabes de verdad hasta que las vives temblando.

La vida no te manda un letrero que diga *Experts Only*. Un día estás bien y al siguiente estás frente a algo que no sabes cómo manejar o bajar. Y la única opción es moverte.

Piensa en eso que traes cargando. Eso que se siente demasiado grande. Ese negocio que no sabes cómo levantar. Ese matrimonio que no sabes cómo arreglar. Esa conversación que llevas meses evitando. Ese sueño que te da miedo empezar. Estás parado arriba, mirando la pista, esperando tener un plan perfecto. Pero el plan perfecto no existe. Lo único que existe es el siguiente paso. Y el que espera a ver toda la pista antes de dar el primer giro se queda arriba para siempre.

No planeé la bajada. No la entendí. No la controlé. Solo resolví lo que tenía enfrente. Una y otra vez. Hasta que miré hacia arriba — y la montaña ya estaba detrás de mí.

EL PRECIO COMPLETO

• • •

No hay atajos. No hay descuentos.
Todo lo que vale la pena se paga completo — o no se paga.

Todo lo que construí me costó. No lo digo como queja, ni pido una medalla — lo digo porque es la verdad de cualquiera que haya construido algo real. Hubo noches que no dormí. Decisiones que me comieron por dentro. Negocios que se cayeron cuando más los necesitaba. Errores que pagué caro. Y mañanas donde lo único que tenía era la decisión de seguir caminando.

Un día estaba con mis hijos en un centro comercial comiendo un helado. De pronto uno de ellos me mira y me dice:

—¿Te imaginas que fuera gratis? ¡Qué padre!

Y algo tronó dentro de mí.

En un segundo me vino todo. Todo lo que pagué para poder estar ahí, en ese momento, comprándoles un helado con algo que me gané. Y supe exactamente lo que quería decirles.

Los tomé de la mano y les dije algo que no tenía planeado:

—Yo nunca quiero nada gratis. Nunca. Quiero pagar el precio completo. No quiero que nadie me quite el privilegio de elegir lo que quiero, ganármelo, y gastarlo como yo decida.

Me miraron sin entender. Pero un día van a pagar su propio precio. Y van a recordar esa conversación.

Lo gratis es lo más caro que existe. No te cobra dinero — te cobra dignidad. Y pagar el precio completo no es castigo. Es lo más digno que hay. Es pararte frente a la vida y decir: "No me debes nada. Y que la vida no te deba nada a ti".

¿Tú ya pagaste — o todavía estás buscando el descuento?

— VI —

LO QUE TE OCULTARON

NO HABLES DE DINERO.

ES INCÓMODO. LA GENTE VA A PENSAR QUE ES LO ÚNICO QUE TE IMPORTA. QUE ERES DE ESOS. QUÉDATE CALLADO. Y CUANDO TENGAS MÁS DE LO QUE NECESITAS — SIÉNTETE CULPABLE.

EL DINERO ES SUCIO. Y TÚ LO TOCAS TODOS LOS DÍAS.

ROMPE EL TABÚ

• • •

El dinero no es bueno ni malo. Es energía. Y como toda energía, su valor depende de quién la dirige.

Siempre me gustó el dinero. Y me daba vergüenza admitirlo.

Crecí viéndolo con una incomodidad que no podía explicar. Veía su poder. Veía lo que se podía hacer con él. Me atraía. Pero a la hora de aceptarlo — sobre todo en público — algo me frenaba. Como si hablar de dinero fuera hablar de algo sucio. Como si quererlo fuera un defecto. El dinero tenía una connotación de éxito, pero también — y esto nunca lo entendí — de culpa.

¿Por qué sonaba tan incómodo hablar de él? ¿Por qué podíamos hablar de familia, de salud, de espiritualidad, de valores, pero no de dinero? Cuando alguien mencionaba el dinero, el tono cambiaba. Como si fuera un tema menor. O peor — como si fuera un tema peligroso.

Con el tiempo empecé a observar algo que me abrió los ojos. Vi a una persona usar el dinero para sostener familias, transformar comunidades enteras, cambiar vidas. Y vi a otra usar exactamente la misma herramienta para destruir, manipular y corromper. El mismo dinero. Resultados opuestos.

La pregunta era obvia: ¿qué es lo diferente? Y la respuesta era más obvia todavía: la persona. El dinero simplemente es. No tiene moral. No tiene intención. No decide nada. Es la persona quien lo define. Quien lo dirige. Quien le da un propósito — o se lo quita.

Dejé de ver el dinero como algo de lo que hay que defenderse y empecé a verlo como algo que hay que aprender a dirigir.

Creía que el objetivo era acumularlo. Que la meta era la seguridad. Juntar, guardar, proteger. Pero la vida me enseñó exactamente lo contrario. El día que lo dejé fluir, que cedí mi lógica, que solté el control — todo floreció. Lo que di regresó multiplicado. Lo que moví generó más movimiento. Lo que solté abrió espacio para que entrara algo mejor. La abundancia no estaba en acumular — estaba en soltar.

Y hay algo que creo profundamente: nada de lo que llega a mis manos es solo mío. Cada oportunidad, cada recurso, cada peso tiene un origen que me trasciende. No me siento dueño — me siento administrador. Y un buen administrador no esconde lo que recibió. Lo multiplica. Lo hace circular. Lo dirige hacia donde genera el mayor impacto.

La herencia financiera más valiosa no es la cuenta — sino la mentalidad. Y esa se enseña viviéndola, no explicándola.

EL SOL NUNCA GUARDA SUS RAYOS

• • •

La abundancia no es tener más.
Es dejar de vivir como si todo se fuera a acabar.

Llegaba el depósito. El ingreso del mes. Y lo primero que hacía — lo primero, antes de cualquier otra cosa — era restar.

Los gastos. Las cuentas. Los compromisos. No lo celebraba. No lo sentía. No había ni un segundo de pausa para decir: lo logré. Nada. Solo la calculadora mental funcionando a toda velocidad. Tratando de ver si alcanzaba. Tratando de ver qué sobraba — que nunca era suficiente. Tratando de ver cuánto podía guardar.

Y cuando terminaba de restar, la sensación era siempre la misma: falta.

No importaba si el ingreso era bueno. No importaba si había crecido. No importaba si objetivamente estaba mejor que el mes anterior. El lente era el mismo. Y ese lente convertía cualquier número en insuficiente.

Me estaba convirtiendo en alguien que no era yo. Cada gasto me dolía. Cada salida de dinero la sentía como una pérdida. Salía a cenar y antes de abrir el menú ya estaba haciendo cuentas. Calculaba qué podía pedir. Y hubo veces que me quedé con hambre. No por presupuesto. Por mentalidad. Podía pagar la cuenta completa sin problema — pero aun así una voz me decía que no debía.

GUÁRDALO. NO ALCANZA. NUNCA VA A ALCANZAR.

Recién casado, construyendo mi vida, con todo por delante — y viviendo como si todo se fuera a acabar. Como si el mundo fuera un lugar donde las cosas se agotan. Donde hay que retener. Donde dar es perder.

Y llegó una pregunta que me rompió.

¿Mi propósito es recibir?

Si mi propósito fuera recibir —acumular, guardar, retener— entonces mi vida es limitada por definición. Porque siempre hay un tope. Siempre hay un número que no alcanza. Siempre hay algo más que falta. El que vive para recibir nunca tiene suficiente — no porque le falte, sino porque su propósito tiene techo.

Pero si mi propósito es dar — entonces no hay límite. Porque dar no te vacía. Te llena. Te activa. Te conecta con algo más grande que tú mismo. Una vela que prende a otra vela no se apaga.

Y vi algo que debí haber visto antes: tenía todo lo que necesitaba. Pero mi mente solo registraba lo que no estaba.

¿Cuánto tiempo llevas viendo lo que falta en vez de lo que sobra?

La escasez no es una condición. Es un lente. Dos personas cuentan con los mismos recursos y una siente que le sobra, la otra siente que le falta. La diferencia no está en la cuenta. Está en la cabeza.

Y lo más peligroso es que ese lente se hereda. Se transmite sin querer. En los comentarios que haces en la mesa. En la cara que pones cuando llega una cuenta. En la forma en que hablas del dinero frente a tus hijos.

Un día llegó mi hija menor y me dijo que no desperdiciara el agua porque se iba a acabar. Me quedé pensando: alguien le estaba enseñando a mi hija que el mundo es un lugar carente. Que las cosas se agotan. Que hay que cuidar porque se acaba — no porque sea nuestro deber. Hay una diferencia enorme entre cuidar desde la gratitud y retener desde el miedo. Una te hace responsable. La otra te hace prisionero.

La naturaleza no funciona desde el miedo. La naturaleza es abundante. Mira el sol — sale todos los días. Nunca guarda sus rayos para mañana. Nunca dice: "Hoy voy a dar menos porque se me puede acabar la energía". Da todo. Siempre. Sin calcular.

Y al día siguiente vuelve a dar todo. ¿Por qué nosotros insistimos en funcionar al revés?

El día que cambié el enfoque cambió todo. Dejé de ver lo que faltaba y empecé a ver lo que sobraba. Dejé de calcular primero y empecé a agradecer primero. No cambió mi cuenta. Cambió mi forma de mirarla. Y con eso cambió mi forma de vivir, de dar, de invertir, de disfrutar.

Me quedé con hambre pudiendo comer. No por presupuesto. Por mentalidad.

SUELTA PRIMERO

• • •

Lo que no puedes soltar te está controlando.
El dinero no es la excepción.

Cuando recién me casé, a los veintitrés años, la responsabilidad me cayó por completo. Siempre me consideré alguien abundante — pero empecé a relacionarme con el dinero de una forma que no me gustaba. Cada gasto implicaba un cálculo.

Comencé a ganar mis primeros pesos y al mismo tiempo empecé mi camino espiritual. Tuve la fortuna de ver el ejemplo de mi papá y el de mi abuelo. Y en mis estudios empecé a tratar el tema del diezmo. Comencé dando el diez por ciento de mis primeros diez mil pesos. Eran mil pesos. Fácil de dar. Luego mi ingreso fue creciendo hasta que llegó a cien mil — y de pronto ese diez por ciento ya eran diez mil pesos. Y ahí entró la duda.

La resolución llegó de la forma más simple. Nos sentamos en la oficina mi hermano, mi socio y yo —los tres socios del negocio— y dijimos de manera clara: "A ver. Ese diez por ciento, ¿es nuestro o no es nuestro?" Coincidimos los tres: eso le pertenece a Dios. Nos comprometimos a dar siempre el diez por ciento antes de repartir entre nosotros. Ya no quedaba a expensas del humor, del sentimiento o de la emoción. Nos dimos la mano. Era una ley a partir de ese día. Y la cumplimos.

Algo extraordinario empezó a suceder. Mi relación con el dinero cambió. Ya no hacía cuentas. Ya no me dolía gastar. El negocio iba mejor y yo me empecé a liberar. ¿Qué fue primero? ¿Me fue bien porque solté y di mi diezmo o me fue bien y por eso empecé a dar? Honestamente creo que fue lo primero.

Los montos crecieron. Y llegó el siguiente reto: cómo distribuir de la mejor manera esos recursos. Entonces empezamos a plantearnos la idea de crear un portafolio de inversión para el diezmo. Diferentes sectores: educación, salud, comunidad, individuos, espacios, negocios. Cada peso tendría que ser dirigido adonde generara el mayor beneficio posible.

Tenemos la fortuna de poder apoyar a un orfanatorio de niñas. Cada vez que voy, el director me dice:

—Tú no sabes lo que estás haciendo por estas niñas.

La primera vez que me lo dijo me quedé sin palabras. Porque lo que quería decirle — y no sabía cómo — era exactamente lo contrario:

—Tú no sabes lo que esas niñas están haciendo por mí.

Cada peso que llega ahí no me hace sentir generoso. Me hace sentir completo.

Hoy puedo decir que no podría vivir una vida plena sin dar mi diezmo. No solo porque sea obligación. Porque aprendí algo que no se enseña en ningún lado: un canal que se cierra deja de recibir.

No es lo que te sobra. Es lo primero que sale.

CODICIA ILUMINADA

• • •

Todos somos egoístas. La diferencia está en qué haces con ese deseo — si lo usas solo para ti o si lo alineas con algo más grande.

No voy a decirte que no soy codicioso. Sí lo soy. Quiero más. Siempre quise más. Mas conocimiento. Más negocio. Más crecimiento. Más impacto. Más vida. Y no me avergüenza decirlo. Porque el deseo de más no es el problema. El problema es cuando ese deseo no sirve a nadie más que a ti.

Después de muchos años de buscar qué negocio emprender, mi hermano y yo teníamos claro el objetivo: encontrar productos atractivos, con valor agregado, diferenciados y prémium para venderlos en el mercado masivo. El concepto estaba claro. El producto aún no.

Comenzamos a investigar. Buscamos de todo. Bolsas para desechos de mascotas. Tés. Baterías de celdas solares para celulares. Suplementos alimenticios. Productos de consumo. Fueron años de búsqueda. Teníamos una oficina muy pequeña y había más muestras que espacio. Pedíamos de todo a proveedores de China, de Estados Unidos, de Europa.

Mis hermanas compraban revistas como *Us Weekly*. Esas donde cuentan los chismes de los famosos. Ahí veíamos qué productos se anunciaban y enseguida mandábamos correos, hablábamos por teléfono y pedíamos la distribución. Los productos eran interesantes y los rechazos consistentes.

Hasta que un día — no lo puedo olvidar — vimos el anuncio de un *shampoo*. Una línea espectacular, con gráficos muy impactantes. Era un anuncio sin modelos. Solo el *shampoo* decorado con *cherry blossoms*. Una obra de arte. Nos dijimos, lo juro: "De esto vamos a vivir toda la vida".

Ahí encontramos que había un nicho de mercado. Una oportunidad de desarrollar segmentos dentro de categorías muy grandes con una propuesta de valor más elevada. Comenzamos con el negocio. Fue todo un éxito. Con los años, hicimos crecer el portafolio, replicamos la estrategia y el resultado fue brutal.

Yo pensaba que el éxito se debía al producto. A la estrategia. Al ojo para detectar oportunidades. Estaba equivocado.

Leí un libro en el que el autor plantea un concepto que me sacudió: el dinero es consecuencia del servicio que brindamos al prójimo. Por primera vez entendí la verdad sobre los negocios. El éxito se mide en qué tanto sirves a los demás. Un concepto muy profundo para ser tan simple.

Entonces pensé algo que lo cambió todo. No estábamos vendiendo productos. Estábamos vendiendo satisfacción. Nuestros productos hacían que las consumidoras se sintieran más bellas. Que disfrutaran de lo cotidiano. Que pudieran acceder a mejores opciones a precios accesibles. Sin pensarlo — sin que fuera la razón original — habíamos alineado nuestra codicia con algo más grande.

¿Cuántas personas viven mejor porque tú quieres más?

Eso es codicia iluminada. Cuando tu deseo sirve a alguien más, el efecto no se suma — se multiplica.

La codicia no es un problema. Lo es cuando termina en ti.

— VII —

EL ESCUDO

Ya no puedes más.

Esta vez fue diferente. Esta vez sí fue demasiado. Mira lo que perdiste. Mira lo que costó. No eres tan fuerte como creías. Descansa. Quédate ahí. Nadie te va a culpar por no levantarte.

Ya lo diste todo. Y no alcanzó, no fue suficiente.

CRECER DUELE

• • •

La única forma de crecer es rompiéndote. Y cada vez que te reconstruyes, te construyes más grande.

Martes. Once y media de la noche. Llego a mi casa. Mi esposa lavándose los dientes para irse a dormir. De repente siento algo extraño. Algo que no había sentido antes. Respiro. Pero no mejoro. Siento algo en el pecho. Creí que era un infarto. El corazón palpitaba a toda velocidad. No sabía qué me pasaba.

Le digo a mi esposa:

—Amor, no estoy bien. Llama a la ambulancia.

Mi esposa, desconcertada, llama. Explica la situación. Y ellos responden: su esposo tiene un ataque de pánico. No podemos mandar la ambulancia.

Escuché eso y me puse peor. Todo pasó por mi mente. Temía lo peor. Le dije: "Si no vienen por mí, llévame tú". Se vistió rápidamente y manejó. "Más rápido", le decía. "No estoy bien".

Llegamos a la central de ambulancias. Apenas me podía sostener. Me suben a la ambulancia. Me conectan electrodos. Máquinas por todos lados. Me revisan. Y me dicen:

—Señor, su corazón está perfecto. No tiene nada. Puede irse.

Yo seguía incrédulo. Algo tenía. Le llamo a mi doctor y me dice: "Probablemente es reflujo, tómate un antiácido". De regreso a casa.

Pasaron los meses y los episodios continuaban. No sabía qué me pasaba. La respuesta llegó donde menos la esperaba, en una cena con Gabriel mi amigo, y su esposa. Les platiqué lo que me había pasado. Y ella dijo con toda naturalidad:

—Claro, es un ataque de pánico.

—¿Ataque de pánico? ¿A mí? Imposible. Yo soy muy fuerte. Yo controlo mi mente.

Ella me respondió algo que me cambió:

—Justo eso es lo que hace más daño. Debes aceptarlo. Respirar. Y todo va a pasar.

Unos días después regresaron los síntomas. Y ahí me acordé de lo que me dijo. Es un ataque de pánico, acepté. Respiré. Y todo pasó.

NO SIEMPRE ATACO CON UNA DUDA. A VECES ATACO CON TU PROPIA FUERZA — CONVENCIÉNDOTE DE QUE NO PUEDES CAER.

Yo creía que ser fuerte era no quebrarse. Que controlar la mente significaba que nada podía conmigo. Que la vulnerabilidad era para los que no habían trabajado lo suficiente en sí mismos. Estaba equivocado. La vulnerabilidad no es debilidad. Es lo que te devuelve el control. Es aceptar que no puedes con todo. Que por más trabajo, más fortaleza y más disciplina — a todos nos puede pasar. Y el que cree que es inmune es el que más duro cae.

Ese ataque de pánico me enseñó más que muchos éxitos. Me enseñó que el cuerpo habla cuando la mente no escucha. Que la fuerza no es resistir sin límite — sino saber cuándo soltar. Y que aceptar lo que te pasa es el primer paso para superarlo.

Crecer duele. Cada nivel nuevo viene con una prueba nueva. Y las pruebas siempre van acordes con su nivel. No se hacen más fáciles cuando creces — se hacen más grandes. Porque el crecimiento no es lineal. Es una ruptura. Te rompes. Te reconstruyes. Y lo que se reconstruye es más grande que lo que se rompió.

El ataque de pánico me había enseñado la primera lección: acepta. No pelees contra lo que es. Respira. Y actúa.

Un día me avisaron que perdía la marca que había construido durante los últimos dieciséis años. Una marca líder en el mercado de México. Tenía noventa días para terminar con el negocio. Todo. Fueron días muy fuertes.

Pasaron dos, tres días. No dormía bien. No pensaba claro. Todo se sentía demasiado grande. Pero al tercer día me levanté y algo había cambiado. No la situación — yo. Recordé la ambulancia. Recordé lo que aprendí aquella noche: acepta lo que es. No pelees. Respira. Y muévete.

Me puse a trabajar con mi hermano en el asunto. No teníamos un plan maestro. No teníamos la solución completa. Empezamos con lo primero que había que resolver. Y luego lo siguiente. Y lo siguiente. Y entonces pasó algo que no esperábamos. Sentimos una enorme energía liberadora. Nos dimos cuenta de que avanzar nos relajaba. La acción nos calmaba.

A veces te rompes por dentro — como aquella noche en la ambulancia. A veces te rompen por fuera — como aquellos noventa días. Y la respuesta siempre es la misma.

Acepta. Respira. Reconstruye. Y lo que se reconstruye siempre es más grande que lo que se rompió.

PERDER PARA GANAR

• • •

No puedes recibir lo que viene si no sueltas lo que ya se fue.

Tenía diecinueve años. Recién había entrado a la universidad. Ya sabía con quién quería pasar mi vida. Lo único que me faltaba era construir algo para poder hacerlo. Empecé a buscar qué hacer, qué vender, cómo construir mi carrera. Lo intenté todo. Puse mis primeros negocios. No funcionaron. Estaba obsesionado con lograrlo. Creía que tenía la idea clara y que con lo que estaba haciendo lo iba a lograr. Pero las cosas no funcionaban. Y yo seguía insistiendo con lo mismo. Una y otra vez. Empujando la misma puerta que no se abría.

SOSTENER LO QUE YA MURIÓ ES OTRA FORMA DE OBEDECERME.

Hasta que lo vi claro: por ahí no era el camino. Y solté la idea original. Solté la creencia de que ese era el vehículo correcto. Dejé de empujar esa puerta. Y en el momento en que lo hice — en el momento en que dejé de aferrarme — una cosa me llevó a la otra y de pronto la idea de mi negocio actual llegó a mí. La oportunidad real apareció exactamente cuando dejé de forzar la oportunidad equivocada. Y ahí entendí algo que me ha acompañado desde entonces: si no soltaba mi creencia original, nunca hubiera podido ver la siguiente oportunidad. Mis manos estaban tan ocupadas sosteniendo lo que no funcionaba que no podían recibir lo que sí funcionaría.

Solté los negocios que nada dejaban. Solté las ideas equivocadas. Solté las puertas que no se abrían. Pero nunca solté a esa niña del bar. Hoy es mi esposa. Y eso me enseñó algo que ningún negocio había hecho: saber qué soltar es tan importante como saber qué sostener.

Hay una vieja historia que se cuenta en muchas culturas sobre cómo atrapar a un mono. Se toma un frasco pesado con una abertura lo suficientemente ancha para que el mono meta la mano abierta. Se pone un plátano adentro. El mono mete la mano, agarra el plátano, y al cerrar el puño su mano ya no cabe por la abertura. Está atrapado. No por el frasco — por su propia decisión de no soltar. Podría ser libre en cualquier momento. Solo tendría que abrir la mano. Pero no puede. No quiere. Y al no soltar el plátano, pierde su libertad.

¿Qué estás sosteniendo ahora mismo que ya sabes que no funciona?

Así hacemos muchos. Nos aferramos a una idea que ya demostró que no funciona. A un negocio que ya nos dio todas las señales de que no es el camino. A una estrategia que ya mostró sus límites. A una expectativa que la realidad ya desmintió. Y los seguimos sosteniendo — no porque tenga sentido, sino porque soltar se siente como una pérdida. Y nadie quiere perder.

Pero la verdad es exactamente al revés: soltar es lo que te permite ganar. Cada minuto que pasas sosteniendo algo que no funciona es un minuto que le robas a lo que sí puede funcionar. Cada peso que inviertes en resucitar lo que ya murió es un peso que no va al proyecto que podría cambiarlo todo. Las manos llenas no pueden recibir nada nuevo. Y la vida siempre tiene algo nuevo para quien tiene el valor de abrir las manos.

Soltar no es rendirse. Hay una diferencia enorme entre las dos cosas. Rendirse es dejar de intentar. Soltar es dejar de intentar lo que ya no funciona para poder intentar lo que sí. Rendirse es quedarse sentado. Soltar es cambiarse de dirección. Rendirse nace de la derrota. Soltar nace de la inteligencia — de la humildad de aceptar que no siempre tenemos la razón y que la vida a veces tiene un plan mejor que el nuestro.

La velocidad con la que sueltas determina la velocidad con la que avanzas. Quien pierde algo y lo acepta en días reconstruye en meses. Quien pierde algo y se aferra durante años reconstruye en décadas — si es que reconstruye. El duelo tiene su lugar. El dolor merece su tiempo. Pero hay un punto donde el duelo se convierte en estancamiento — y ese punto llega mucho antes de lo que la mayoría cree.

Abre la mano. Lo que es para ti no necesita que lo aprietes — y lo que viene para ti necesita que tengas las manos libres para recibirlo.

SIN GARANTÍAS

• • •

Nada de lo que valió la pena llegó con garantía.

Vivir sin garantías es la norma. No la excepción. Cada decisión importante que he tomado en mi vida la tomé sin saber si iba a funcionar. Cada inversión. Cada relación. Cada proyecto. No existía un documento que me dijera: esto va a salir bien. Y si hubiera esperado a tenerlo, seguiría exactamente donde empecé. El mundo te vende seguridad. Te dice que planifiques todo. Que analices. Que esperes el momento perfecto. Pero el momento perfecto no existe —y yo lo aprendí de la persona menos esperada.

Argentino. Soberbiamente sencillo. Soñador. Sin límites. Melena de león, blanca. Facciones duras. Ojos con alma. Mi suegro llegó de Argentina a los veinte años, sin nada. Llegó a construir un futuro que parecía no existir en la Argentina de ese entonces. Solo, fue probando, fue aprendiendo y fue creando un método maestro. El dinero no lo hacía, aunque le encantaba. No necesita mucho, pero lo quiere todo. No tiene la estructura, pero tiene el fuego.

Desde el primer día que conocí a mi suegro supe que tenía algo que me intrigaba, que me inspiraba. Lo veía, pero no sabía qué era.

Fui avanzando en mi carrera profesional y llegó el momento en que podía empezar a invertir, aunque fuera unos pesos. Vi en él mi oportunidad de aprender, de aventarme, de probar. Nos hicimos muy cercanos, más de lo que ya éramos. Ahora compartíamos un proyecto nuevo. Mi primera inversión inmobiliaria. Fuimos a Querétaro. Fuimos a Valle de Bravo. A la Riviera Maya. Por toda Ciudad de México. A cualquier lugar donde creímos poder encontrar una oportunidad. Fueron meses de búsqueda. Incluso años.

Y de pronto — después de haber recorrido medio país — llegué a un terreno en el ejido de Playa del Carmen. Era una zona popular pero bien organizada — como me gusta. Un terreno pequeño, relativamente. Lo vi. Lo sentí. Vi una avenida de seis carriles con palmeras en el centro. Le dije a mi suegro:

—Es este. Esto es Beverly Hills.

—Beverly Hills. Jajaja, tú sí que estás muy loco. Es el ejido, wey —me contestó con su acento argentino mexicano.

Pero yo ya sabía que algo ahí me había atrapado. Era ese. Ese sería nuestro primer proyecto.

Al siguiente día recibí una llamada de mi suegro a las nueve de la mañana.

—Bájate, wey. Ponte algo y vente al *Xocolatier* —un restaurante que había puesto en el mismo complejo donde tenía su casa, para poder desayunar todos los días y pagarse la renta de un local que tenía.

Eran las nueve de la mañana. En vacaciones. Bajé. Despeinado. Recién despierto. Y me dice:

—Firma.

—¿Qué debo firmar?

—¿No querías tu terreno en Beverly Hills? Ya es tuyo si lo firmas.

No lo niego. Sentí miedo. Le dije: tengo que hablar con mi hermano primero. Somos socios en todo y no puedo tomar la decisión solo. Le llamé de ahí. Como siempre analizó, pensó, decidió y me apoyó. Me dijo: dispara. Realtor enfrente. Papeles en la mesa. Pluma destapada y lista. Y mi suegro al lado, riéndose de lo que pasaba. Tenía una naturalidad ante la situación que me asustaba. Como si ya lo hubiera hecho mil veces.

Firmamos. Nos dimos la mano. Y nos fuimos.

¿Cuánto tiempo llevas esperando el momento perfecto?

Vivir tiene riesgos. Invertir tiene riesgos. Confiar tiene riesgos. Amar tiene riesgos. Pero el riesgo más peligroso de la vida es no tomar ninguno.

Y ahí aprendí una lección que me cambió para siempre.

Mi suegro tiene más ganas de ganar que miedo de perder. Ese día esa frase se convirtió en mi visión de la vida.

LAS TRES RESPUESTAS

• • •

Antes de seguir leyendo, quiero pedirte que pienses en algo que quisiste con todo y no se dio. Un negocio que no se cerró. Una relación que se acabó. Un plan que se cayó. Algo que en su momento te dolió, te frustró o te quitó el sueño. ¿Ya lo tienes? No sigas hasta que lo tengas.

Ahora mira hacia atrás. ¿Qué pasó después? ¿Qué vino en su lugar? ¿Qué se abrió porque eso se cerró?

Si eres honesto contigo, ya sabes la respuesta. Lo que vino después fue mejor. No siempre más fácil. No siempre más cómodo. Pero mejor. Más real. Más tuyo.

Eso que acabas de sentir — esa claridad que aparece cuando conectas los puntos — es exactamente de lo que quiero hablarte.

Mi amigo Shimi me compartió una idea que me encantó: Dios solo tiene tres respuestas para cada cosa que le pides:

- Sí.
- Sí, más adelante.
- No. Vendrá algo mejor.

Cuando lo escuché pensé: qué bonito sería poder vivir así. Soltar la necesidad de controlarlo todo. Confiar en que lo que no se da no era para ti. Dejar de pelear contra lo que es. Suena hermoso. Y es brutalmente difícil.

Piénsalo. Cada puerta que se cerró en tu vida. Cada "no" que recibiste. Cada plan que se cayó. ¿Cuántos de esos "fracasos" hoy los agradeces? ¿Cuántos te llevaron exactamente adonde necesitabas estar? Mirando hacia atrás es fácil. El problema es cuando estás adentro.

Ahora la pregunta difícil.

¿Qué estás viviendo hoy que no entiendes? ¿Qué te tiene despierto? ¿Qué pediste y no ha llegado? No tienes la claridad que tuviste hace un momento — porque todavía estás adentro. Pero si el plan fue perfecto todas las veces anteriores, ¿por qué esta vez sería diferente?

Yo todavía lucho con eso. Todavía hay noches que quiero abrir puertas que no son mías. Pero cada vez que miro hacia atrás y veo cómo todo encajó, recuerdo que el plan nunca ha fallado.

La próxima vez que una puerta se cierre, acuérdate de lo que sentiste hace un momento. Ya sabes cómo termina esta historia.

PERFECTO

• • •

El camino siempre fue perfecto. Incluso —sobre todo— cuando no lo parecía.

Mi esposa me lo decía desde hace años.

No con reproche. Con paciencia. Con esa sabiduría silenciosa que tienen las mujeres que aman de verdad — las que ven lo que tú no puedes ver de ti mismo, y esperan. No lo gritan. No lo imponen. Esperan a que un día lo entiendas solo.

—No controles todo. Te hace falta confiar más en los demás. Más en mí. Más en Dios. Más en algo que no seas tú. No puedes con todo.

Yo asentía. La oía. Y seguía exactamente igual.

Porque el que se cree capaz de todo no escucha — responde. Yo respondía. Con razones. Con argumentos. Con la certeza de quien cree que controlar es cuidar.

Ella sabía exactamente qué me estaba haciendo daño. Lo veía. Y yo no lo entendía.

Tuvo que pasar algo tan grande que ya no pudiera responder, solo escuchar, para que la frase de ella por fin me llegara.

Febrero de 2018. Hacía unos pocos días que mi hijo había nacido. Felicidad pura. Iba de camino a la oficina, un jueves por la mañana. Todo bien. Llamada de mi esposa.

—Amor, el doctor quiere hablar contigo.

El doctor, con una voz firme y sin estar alarmado, me dice:

—Tu hijo tiene una condición. No es curable, pero no te preocupes. Es muy común.

—¿Qué es? —pregunté.

—Es como si tuviera una alergia a ciertas medicinas, mientras no las consuma, todo va a estar bien.

Sentí que el mundo se me derrumbaba. A pesar de que el diagnóstico no era tan malo, la noticia me pegó hasta lo más profundo. Ahora tenía una nueva responsabilidad. Y conociéndome, iba a ser una nueva obsesión.

Llegué a mi oficina y me puse a investigar. Hablé con una especialista. Me explicó y me dio un listado de todo lo que debía evitar. Me puse a trabajar. Diseñé una hoja de seguridad con todo — teléfonos de doctores, instrucciones, alimentos, medicinas. Todo. Otra de mis etapas de obsesión. Quería cuidar a mi hijo hasta la última instancia. No ingería absolutamente nada que no haya pasado por mi previa supervisión. Leí más etiquetas de productos que libros. Me obsesioné con cada detalle.

Paralelamente, mi hija mayor tenía infecciones recurrentes de oído. Ya no sabíamos qué hacer. Cada rato un antibiótico. Estábamos desesperados. Encontramos a un especialista y nos dijo: "Tu hija necesita un tratamiento de dos meses de antibiótico". "¿Cuál?", le pregunté. Era exactamente el más peligroso en la lista de mi hijo. Temblé.

Salíamos de la cita y le dije a mi esposa:

—Yo me encargo durante los próximos sesenta días de darle el antibiótico a mi hija. Ni tú ni nadie se lo pueden dar. No vaya a ser que se equivoquen o lo toque mi hijo.

Pasaron los días. Las semanas. Hasta que un día desperté por la mañana. Los niños desayunaban mientras se preparaban para ir a la escuela. Tomé el frasco con la medicina, lo puse en la jeringa, me dirigí directamente a mi hijo. — ¡A mi hijo! Y se lo di en la boca. — Por error.

Un grito estremecedor. No sabía qué hacer. Le había dado a mi hijo el peor veneno. No pasaron más de veinte segundos cuando ya estaba tratando de hacer vomitar a un niño de dos años para que sacara todo. Afortunadamente lo logré.

Todos en casa quedamos destrozados. Mi esposa me dijo:

—Ya ves, todos nos podemos equivocar. Tú no controlas todo.

Me mató. Yo siempre tenía todo bajo control. No era lógico lo que pasó. Pero vi que había alguien guiando mis pasos. No había otra explicación.

Seis años después. Todo va bien. *Zoom* con los directores globales de una de las marcas que distribuyo. Me dicen: "¿Tienes un espacio para mañana?" Sonó raro. Pero dale, vamos. Entramos al *Zoom* al otro día. Prendo mi cámara y veo dos caras largas. Serias. Me dije: algo aquí está mal.

Comenzó la reunión. Los clásicos rodeos: cómo está el clima allá en México, qué tal tu familia. Hasta que me dijeron:

—Vayamos al grano. Hemos decidido que ya no continúen con la marca. No es por ustedes. Es una decisión global.

Yo siempre tuve ese miedo. Así es mi negocio. Pero ese miedo había estado ahí durante quince años. No era algo nuevo.

—¿Es un *final call*? —les pregunté.

—Sí, me respondieron.

—Perfecto —les dije.

—¿Perfecto? —me preguntaron—. ¿Cómo puedes decir eso? Te acabamos de quitar algo que construiste en quince años. Sin aviso.

Y ahí fue cuando dije unas palabras que nunca vamos a olvidar. Ni los directores, ni yo.

—Puse toda mi atención, toda mi intención, toda mi pasión, todo mi esfuerzo en este negocio. Lo di todo. Si no puedo influir en su decisión, entonces ya no está en mí. Confío en mi socio. Confío en mi hermano. Confío en mí. Pero sobre todo confío en Dios. Nadie puede quitarme lo que es mío ni darme algo que no lo es.

Fue fulminante. Sin planearlo. Simplemente salió. La directora me vio, tuvo que apagar la cámara porque estaba llorando, y me dijo:

—Lo siento mucho.

Tenía que darle esa medicina a mi hijo para aprender a soltar el control. Tenía que perder la marca para entender que hay algo más grande que mis planes. Cada momento que parecía un error era parte de algo que todavía no podía ver.

Hoy, cuando mi esposa me dice algo que en el momento no entiendo, sé que ella ve algo que yo aún no puedo.

No sé cómo se explica esto sin Dios. Lo he intentado. No hay lógica que justifique que yo — el más obsesivo, el más controlador, el que revisó cada etiqueta durante meses — le haya dado precisamente esa medicina a mi hijo. No hay lógica que explique la paz que sentí al decir "Perfecto" cuando me estaban quitando quince años de trabajo. Algo más estaba operando. Algo que yo no controlaba y que no necesitaba controlar. Si tú tienes otra explicación, la respeto. Yo solo tengo la mía. Y la mía tiene nombre.

— VIII —

MÁS VALIOSO QUE EL ORO

Solo son quince minutos.

Un scroll rápido. Un mail que puede esperar pero que abres de todos modos. Total, tienes tiempo. Siempre hay más tiempo. Tus hijos van a seguir siendo niños. Tu cuerpo va a seguir respondiendo. La oportunidad va a seguir ahí.

Mañana empiezas. Mañana sí.

DEBAJO DE LA TIERRA

• • •

Todo lo que vale la pena toma tiempo. La semilla no se convierte en fruto el día que se planta — pero siempre da más de lo que se sembró.

2007. Seguía en la universidad, ya tenía novia y lo único que quería era casarme y empezar a trabajar. Le dije a mi papá:

—Dame algo que hacer. Dame un trabajo en tu compañía.

A lo que él, sabiamente, me contestó:

—Aquí no. Busca tu camino.

No lo voy a negar. Me dolió. Creía que tenía un camino seguro. Fácil. Con él. Pero sus planes eran diferentes.

Mi papá había abierto una tienda con sus amigos. Una idea fantástica, un lugar que mezclaba productos de belleza, spa, suplementos, diagnóstico. El objetivo era cuidarse de manera integral. Pero la ejecución no fue la mejor. Habían contratado a un chavo con buena disposición, pero sin experiencia. Y a mi papá se le ocurrió: "¿Por qué no te metes a trabajar ahí? Echas el negocio adelante".

Acepté inmediatamente. Comencé a trabajar al mismo tiempo que estudiaba en la universidad y tenía a mi novia. Era una rutina exhaustiva. Empezaba a las seis de la mañana. Terminaba a las once y media de la noche.

El negocio iba mal. No había ventas. No entraba nadie a la tienda. Estaba frustrado. Enojado. Triste. ¿Cómo podía ser que mi papá me haya hecho esto? Por las noches llegaba con mi hermano a casa, que también estaba conmigo en la tienda — y nos poníamos a llorar. Decíamos: "Estamos quebrados. Esto no funciona. ¿Y si no somos lo que pensábamos?" Entró la duda.

Pedíamos consejos a mi papá y él nos decía:

—Si algo no lo saben hacer, investíguenlo. Resuélvanlo y sigan.

Era raro. Mi papá siempre fue muy cálido. Algo no cuadraba.

En medio de la falta de ventas identificamos un patrón. Las pocas ventas que hacíamos eran de una marca de productos orgánicos de spa. No era mucho, pero marcaba una tendencia. Y pensamos — si nadie entra a la tienda, ¿por qué no buscamos ir a vender a los spas?

Mi hermano y yo comenzamos a visitar los principales hoteles y resorts de México. Nos dividíamos por área. Él veía Los Cabos y Puerto Vallarta. Yo la Riviera Maya. Y poco a poco fuimos construyendo el negocio.

Con el paso del tiempo nos dimos cuenta de que la tienda era nuestro principal obstáculo. Le dijimos a mi papá:

—Debemos cerrar.

Asintió. Nos mudamos a una oficina en un edificio espectacular en la zona corporativa de Santa Fe. Pero solo teníamos ocho metros cuadrados. Dos escritorios. Espalda con espalda. Y un armario que era nuestro almacén.

El negocio creció. Necesitábamos más espacio. Le pedimos a la abuela que nos prestara su garaje. Y este se convirtió en nuestro centro logístico.

El tiempo pasó. Ya era 2010 y aún no ganábamos ni un peso. Habían sido tres años de trabajo. De esfuerzo. De inversión. Sin ver nada.

TRES AÑOS. ¿CUÁNTOS MÁS VAS A NECESITAR PARA ACEPTAR QUE NO FUNCIONA?

Una cosa llevó a la otra y encontramos nuestra primera marca para el mercado masivo. El negocio comenzó a tomar otra dimensión.

Cuando los éxitos llegaron, mi hermano y yo nos acercamos con mi papá y le preguntamos:

—¿Por qué fuiste tan duro al principio?

Y nos dijo con una voz temblorosa:

—Lloraba todos los días. Me partían el corazón. Pero sabía que este era el único método para que siembren sus semillas y cosechen sus frutos.

Un genio de verdad.

Ahí aprendí que no todo es inmediato. Que hay un proceso entre la siembra y la cosecha. En mi caso fueron más de seis años sin ver un centavo de ganancias. Pero aguantamos. Juntos. Y en retrospectiva todo fue perfecto. La tienda vacía. Las noches llorando. Los ocho metros cuadrados. El garaje de la abuela. Cada una de esas etapas era la semilla debajo de la tierra. No se veía nada en la superficie — pero abajo se estaba formando todo.

Todo éxito viene con un periodo de ocultamiento. Siembras una semilla y queda enterrada. No se ve nada. La riegas. No sale nada. Pasan días, semanas, meses — y la superficie sigue igual. Hasta que un día sale el primer brote. Y después se convierte en tallo. Y después en árbol. Y ese árbol da un fruto que contiene dentro una nueva semilla. La clave está en tener la paciencia y la seguridad de seguir trabajando mientras todo está debajo de la tierra.

Cuando no veas nada, sigue. Debajo de la tierra todo se está formando. El proceso es sagrado — y quien lo respeta siempre cosecha más de lo que sembró.

DECIDE UNA VEZ

• • •

Una decisión bien tomada te ahorra mil.
Una decisión postergada te cobra mil.

Cuando empecé a trabajar no tenía nada. Ni estructura. Ni equipo. Ni título. Solo tenía ganas.

Compraba. Vendía. Etiquetaba. Empacaba. Entregaba. Era el vendedor, el almacenista, el contador sin título, el administrador sin estructura. Todo pasaba por mí. Todo dependía de mí. Y al principio eso se sentía bien — sentía que controlaba cada detalle, que nada se movía sin mi mano. Creía que eso era ser responsable.

Pero cada cierre de mes era un martirio. Facturas. Inventarios. Cuentas que no cuadraban. Números que tenía que reconstruir porque no había un proceso que los capturara en tiempo real. Mi vida se convirtió en un trabajo tedioso. Repetitivo. No productivo. Las mismas tareas, los mismos errores, las mismas urgencias mes tras mes. No estaba construyendo. Estaba sobreviviendo.

Y no es que estuviera mal. Aprendí. Aprendí más en esos meses de hacer todo yo solo que en cualquier clase. Pero llegó un punto donde me rompí. No podía más. El negocio estaba creciendo pero yo me estaba encogiendo. Cada día tenía menos tiempo para pensar, para crear, para ver hacia adelante — porque estaba atrapado resolviendo lo de hoy.

Un día, le conté a mi amigo Max lo que me estaba pasando. Me escuchó y me dijo algo simple: "O contratas a alguien o metes un sistema".

No tenía para contratar. Así que me quedaba una opción.

Me dediqué seis meses a implementar un sistema. Seis meses. No fueron fáciles. Sentía que perdía el tiempo. Sentía que cada hora que invertía en diseñar procesos era una hora que no estaba vendiendo, no estaba produciendo, no estaba generando. El negocio me pedía acción — y yo estaba sentado armando estructuras que todavía no funcionaban.

Pero seguí.

Y un día todo empezó a caminar. Los procesos se ejecutaban. Los números se capturaban solos. Las tareas que antes me consumían el día entero ahora se resolvían sin mí. Y me quedé parado viendo cómo funcionaba — y me dije algo que me paró en seco: este trabajo solo lo hice una vez. Y ahora camina solo.

Un sistema es una decisión que tomas una sola vez y que se ejecuta mil veces sin volver a pensarla. No es automatizar por automatizar. Es liberar tu mente de las decisiones repetitivas para que pueda enfocarse en lo que realmente importa.

Y voy a ser honesto: hubo una resistencia que no esperaba. Una parte de mí no quería que el sistema funcionara. Porque mientras todo dependía de mí, yo me sentía productivo. Necesario. Indispensable. Y si algo podía funcionar sin mí — ¿entonces para qué estaba yo? El miedo no era que el sistema fallara. El miedo era que me reemplazara. Hasta que entendí que lo contrario era verdad: el sistema no me reemplazaba. Me liberaba. Me devolvía el tiempo para hacer lo que solo yo podía hacer — pensar, crear, decidir. Lo que el sistema hacía era lo que cualquiera podía hacer. Lo que yo hacía con el tiempo que me daba era lo que nadie más podía.

El sistema no solo me hizo más eficiente — me hizo más libre.

¿Cuánto de tu día se va en repetir lo que ya deberías tener resuelto? ¿Y cuánto en construir lo que todavía no existe?

EL EQUILIBRIO IMPOSIBLE

• • •

El balance no es un estado. Es un movimiento constante entre extremos — y quien cree que lo alcanzó probablemente ya lo perdió.

Hay una idea que suena bonita pero que es una trampa: vivir en perfecto balance. La verdad es que no se puede. No es posible construir algo grande y estar perfectamente balanceado todo el tiempo. Parte del éxito requiere estar desbalanceado, poner todo en una dirección, obsesionarte, entregarte completo a lo que estás construyendo. Hacer todo el trabajo. Y después recalcular. Ese es el ciclo real: desbalance con intención, seguido de ajuste consciente. No una línea recta en el medio. Una oscilación permanente entre extremos que se corrige con el tiempo.

El balance que más me ha costado en la vida es el del largo plazo contra el corto plazo. Soy una persona que piensa en el futuro. Naturalmente mi enfoque está en construir — en poner los ladrillos hoy para la estructura de mañana. Y eso es necesario. No se puede construir cosas grandes sin pensar a largo plazo. Pero hay un peligro que viene con esa mentalidad: olvidarte de que la vida solo existe en el presente. El futuro es una idea. El pasado es un recuerdo. Lo único real es ahora. Y si sacrificas tu ahora por un mañana que todavía no llega, ¿qué estás viviendo realmente?

Mi papá y mi abuelo me enseñaron algo que me marcó desde joven: debemos crear activos que generen flujos para no depender de nuestro tiempo para generar ingresos. Esa enseñanza me transformó. Durante mucho tiempo me enfoqué — e incluso me obsesioné — con construir posiciones que generaran ingresos pasivos. Como soy intenso por naturaleza, puse todo mi esfuerzo en lograrlo. Y eso se vuelve adictivo. La adrenalina de ver crecer las posiciones. Qué más compro. Cómo crezco más. La cabeza empieza a volar: si sigo en este rumbo, a los setenta años voy a tener tanto. Y la emoción de ese cálculo me alimentaba.

DESPUÉS DISFRUTARÁS. DESPUÉS VIVIRÁS. CUANDO TERMINES DE CONSTRUIR, CUANDO LLEGUES ADÓNDE VAS — AHÍ SÍ. PERO TODAVÍA NO.

Pero estaba olvidando algo fundamental: estaba intercambiando mi presente por mi futuro. Tomaba la mayor parte de mis decisiones desde un punto de vista puramente financiero. Cada peso tenía que ir a construir más. Cada decisión pasaba por el filtro de la inversión. Y sin darme cuenta, estaba dejando de invertir en lo más importante — la vida real. El viaje que no hacía porque ese dinero podía estar trabajando. La experiencia que posponía porque no era "productiva". El momento presente que dejaba pasar porque mi mente ya estaba en el próximo movimiento.

Mi cuñado Elías me enseñó que no todo es invertir en finanzas. Se debe invertir en la vida real. En experiencias. En momentos. En las personas que amas. En ti mismo. El presente es la única inversión que se disfruta en tiempo real — y es la única que no puedes recuperar si la dejas pasar.

El trabajo ahora se convirtió en algo diferente: cómo construir mi futuro sin olvidarme de vivir mi presente. Porque las dos cosas son necesarias No es una o la otra. Es encontrar el punto donde coexisten — donde construyes hacia adelante pero también estás presente aquí, ahora, con lo que tienes y con quien tienes al lado.

Al principio sentí que estaba tomando decisiones que parecían irracionales. Gastar recursos en algo que antes hubiera invertido. Decir que sí a algo que no tenía retorno financiero. Pero vi algo más profundo: el propósito de la vida es construir una vida buena. No solo una cuenta grande. Una vida buena. Y una vida buena requiere de ambas visiones — la del arquitecto que diseña para el futuro y la del ser humano que disfruta lo que ya construyó.

El balance no es solo de dinero. El que solo trabaja se pierde ver crecer a sus hijos. El que nunca trabaja con intensidad no construye nada que valga la pena. La sabiduría está en saber cuándo inclinar la balanza — y cuándo recalcular.

Y hay algo que aprendí sobre el balance que nadie te dice: no se ve igual en todas las etapas de la vida. A los veinticinco el desbalance hacia el trabajo es casi necesario — estás construyendo las bases. A los cuarenta el balance empieza a importar de otra forma — ya tienes algo que cuidar y personas que necesitan que estés presente. A los sesenta la prioridad cambia de nuevo. El balance no es una fórmula fija. Es una calibración constante que se ajusta en cada etapa.

No busques el balance perfecto — no existe. Busca la sabiduría para saber cuándo estás demasiado inclinado hacia un lado y el coraje de recalcular antes de que sea demasiado tarde.

El futuro que construyes no vale nada si no estás presente para vivirlo.

ALCANZA PARA TODO

• • •

No necesitas más.
Necesitas gestionar mejor lo que ya tienes.

Mi abuelita era una fuera de serie. Una persona sencilla, dulce, amable. Su vocación era el servicio. Su sello era el interés genuino por atender, por resolver, por ayudar. Sin restricciones. Sin condiciones. Sin llevar cuentas.

Era la matriarca de la familia. Nunca lo exigió. Se lo ganó. Cada miércoles y cada viernes, toda la vida, desde que éramos niños, comíamos en su casa. Su menú era una mezcla de cocinas que a simple vista no tenía lógica — pero ella sabía exactamente lo que estaba haciendo. No era que no supiera cocinar. Era que estaba dándole el gusto a cada uno para que todos se sintieran bien recibidos, queridos, importantes. No siempre era la mejor experiencia culinaria — pero cada vez que te sentabas en esa mesa sentías que eras el centro del universo.

Su mesa era larga. Unas dieciocho sillas con respaldos altos. Mantel blanco, oriental. La mesa se extendía — podía incorporar unas seis sillas más. Y detrás del comedor había otra mesa redonda, el desayunador, para otras cinco personas. Cada miércoles y cada viernes íbamos los de siempre — y unos cuantos más. Venían personas de muy diverso origen, familia lejana, amigos, clientes, proveedores, empleados. Y sin importar cuánta gente llegara, ella mantenía la calma y el gusto por recibir.

Y si llegaba gente de último minuto, la comida siempre alcanzaba. Siempre sobraba. Incluso te daba para llevar.

Mi abuelita Silvia entendió algo que la mayoría de las personas nunca entiende: todo está en la gestión. Tenía siempre lo que necesitaba — y con eso le alcanzaba para todo. La clave nunca fue tener de más. Fue usarlo mejor. La mesa siempre podía crecer. La comida siempre podía aumentar. Diseñó un sistema alineado a su visión — y funcionaba. Me enseñó que todo lo que necesitamos ya lo tenemos. Pero hay que saber usarlo.

Mi abuelita no tenía un restaurante ni un equipo de cocina. Tenía un comedor en su casa y una convicción: que a nadie le faltara nada en su mesa. No tenía más horas que nadie — pero sabía exactamente en qué invertirlas. No perdía tiempo en lo que no importaba. Lo ponía entero en lo que sí: su familia, su mesa, su gente. Y nunca la vi angustiada por un plato extra. No gastaba su energía en preocuparse — la invertía en resolver.

Su filosofía — o al menos lo que logré entender — era atender para retener. Seamos honestos: nos pasamos la vida resolviendo, persiguiendo, produciendo. Y siempre cae bien encontrar un espacio en el cual puedas sentirte atendido sin tener que pensar más. Mi abuelita lo entendió al cien por ciento. Creó un espacio seguro en donde todo estaba resuelto. Y con eso retuvo a su familia. No por control — sino por amor e inteligencia.

Mi abuelita falleció en el 2018. Pero sigue viva. Presente. En cada mesa que pongo con intención. En cada vez que recibo a alguien sin calcular si me alcanza. En cada vez que entiendo que la abundancia no es tener de más — sino saber qué hacer con lo que tienes.

LA GRANDEZA DE LO PEQUEÑO

• • •

Las grandes construcciones no se hacen con grandes acciones.
Se hacen con miles de acciones pequeñas que nadie ve —
hasta que alguien las aprecia.

Hace un tiempo me sentía profundamente agradecido con la vida. No era una reflexión intelectual — sino algo real, que podía tocar, que necesitaba transmitir. Quería agradecer a Dios. Pero con algo más que mis palabras o mis pensamientos. Encontré un salmo — el número cien — que habla del agradecimiento. Resonó conmigo de una forma muy profunda. Y dije: tengo que compartir este sentimiento.

Mandé a hacer quince pergaminos con el salmo. Con una dedicatoria que terminaba así: "Con cariño y bendiciones, doy gracias por tenerte en mi vida". Llegaron los pergaminos. Aún no sabía exactamente cuándo entregarlos, pero quería tenerlos listos para encontrar el momento perfecto — ese momento en el que lo que sentía y lo que decía fuera completamente real.

Un miércoles por la noche fui a cenar con mis amigos más cercanos. Yo sabía que podía ser una noche especial. Vinieron casi todos — personas a las que amo y con quienes tengo una relación de más de treinta años. El momento se dio. Saqué los pergaminos enrollados, uno para cada quien, con una funda de terciopelo. Se me quebró la voz y les dije: "Estoy agradecido por tenerlos en mi vida. Hice un pequeño detalle para que nunca nos olvidemos de lo afortunados que somos y lo agradecidos que debemos estar con Dios por dejarnos compartir la vida".

No lo voy a negar. Se me salieron lágrimas. Y me parece que a mis amigos también.

Vi el impacto de un detalle. De algo que no costó una fortuna ni requirió meses de planeación. De algo pequeño hecho con todo el corazón. Mandé a hacer quince más. Los tenía en mi oficina, en mi coche. Y cada vez que ese sentimiento me abordaba con la persona que estaba, se lo daba. No lo hice por recibir un cumplido. Lo hice porque me nació. Y me impresionó ver las consecuencias de esa pequeña acción. Mis amigos me mandaron mensajes hermosos. Amigos de otros países constantemente me enviaron una foto cuando lo recitan por la mañana. Años después. Por un pergamino.

¿Y qué fue lo que hice? Una pequeña, grande acción.

¿Cuándo fue la última vez que hiciste una?

Eso es la grandeza de lo pequeño. No son los gestos enormes los que transforman las relaciones — son los diminutos. Un "Te amo" a tu esposa por mensaje en medio del día. Una llamada a tu abuelito solo para saludarlo. Un regalo a tu amigo con un significado que solo ustedes dos entienden. Son cosas que toman minutos — a veces segundos — pero que dejan una marca que dura años.

Los detalles son lo que separa lo bueno de lo extraordinario. No es el gran gesto — sino el pequeño toque que nadie pidió, pero todos notan. La atención al detalle es una forma de respeto. Dice: me tomé el tiempo. Me importó lo suficiente como para hacer esto bien, no solo hacerlo.

Lo pequeño es donde se gana o se pierde la batalla real. Es fácil estar presente para los momentos grandes — cualquiera se concentra cuando la ocasión lo demanda. Pero lo que define la calidad de tu vida no son esos momentos excepcionales — son los miles de momentos ordinarios entre uno y otro. La excelencia no es un acto. Es un hábito. Y los hábitos se construyen con repeticiones pequeñas, consistentes, aparentemente invisibles.

No desprecies lo pequeño. No lo ignores. No lo dejes para después. Un pergamino con un salmo puede cambiar la mañana de alguien durante años. Una llamada de dos minutos puede ser lo que tu abuelito más necesitaba ese día. Un mensaje de tres palabras puede recordarle a tu esposa que sigue siendo lo más importante de tu vida. Lo pequeño no es pequeño. Es lo más grande que existe — porque es lo que se hace con el alma, sin esperar nada a cambio.

Cuando mires hacia atrás, descubrirás que tu vida no se definió por los tres o cuatro momentos enormes. Se definió por los miles de momentos pequeños que elegiste hacer con todo el corazón.

— IX —

EL TESORO

Tu hijo te está hablando.

Pero tú estás pensando en otra cosa. Tu esposa te está contando algo. Pero tú ya estás en el mañana. El atardecer más hermoso del año está frente a ti. Pero tú estás mirando una pantalla.

No te preocupes. Seguro se repite. Seguro no hay nada eterno. Seguro esto es todo lo que hay.

EL ANTÍDOTO

• • •

Hay un veneno que solo te ataca cuando todo te sale bien.

Hay un veneno silencioso que ataca a todos los que construyen algo. No llega cuando las cosas van mal — llega cuando van bien. Se llama soberbia. Es la voz que te dice: "Tú lo hiciste. Tú lo lograste. Tú eres el responsable de todo lo que tienes". Y es una mentira. Porque nada de lo que tienes es solo tuyo. Nada de lo que construiste lo levantaste solo. Y nada de lo que eres lo eres sin Dios.

El ego es el veneno. La gratitud es el antídoto.

Pero no hablo de gratitud como concepto. No hablo de escribir tres cosas en un diario antes de dormir. No hablo de decir gracias por costumbre. Hablo de la gratitud que te derrumba. La que te hace llorar sin poder evitarlo. La que te pone de rodillas — no porque algo esté mal, sino porque algo está tan bien que no puedes creer que sea tuyo.

Un día de viaje en Miami — que es el *happy place* de toda mi familia — pasamos un día espectacular. Por la mañana salimos a caminar y a dar un paseo en patines. Desayunamos y después nos fuimos a la playa. Mar azul. Arena blanca. Castillos de arena. Revolcándonos en el mar. Un día perfecto.

De regreso en el coche pusimos música y salió una canción que me hizo llorar. Es algo que me pasa. No lo puedo evitar. La música me mueve y mis hijos se ríen de mí cada vez que sucede. Subí el volumen. Todos la cantamos. Llegamos al departamento y fuimos a la terraza.

Era un atardecer espectacular. Una vista inmejorable. De película. Cielo rosado. Sol poniente, que puedes ver directamente sin que duelan los ojos. Mar y palmeras.

Nos sentamos en el sillón de la terraza. Mis tres hijos encima de mí. Y uno de ellos me miró y me dijo:

—Papá, estoy muy feliz.

Recién habíamos aprendido como familia a recitar el salmo cien. El salmo de la gratitud. Habíamos quedado que cada vez que sintiéramos tanta alegría debíamos recitarlo. Para no olvidar de quién viene.

Comenzamos a decirlo. Y me desparramé. No podía evitar el sentimiento. Un día real. Un sentimiento real. Un agradecimiento real. Mis hijos me vieron con lágrimas en los ojos. Y lo único que hicieron fue abrazarme más fuerte.

Un papá y sus tres hijos. Viendo la puesta del sol. Recitando un salmo. Llorando de agradecimiento sin poder evitarlo. Ese es el antídoto.

¿ESTÁS AQUÍ?

• • •

Tu cuerpo puede estar en cualquier lugar.
Pero tu vida solo sucede donde está tu mente.

Voy a ser completamente honesto: me cuesta mucho trabajo estar en el presente. Mi mente siempre está pensando en el siguiente paso, en la siguiente idea, en el siguiente aprendizaje. Es como si tuviera un motor interno que no se apaga — siempre procesando, siempre creando, siempre resolviendo. Y si algo disfruto en mi vida es precisamente eso: pensar, crear, resolver. Podría decir que lo hago activamente la mayor parte del tiempo. Es mi naturaleza. Es lo que me mueve. Pero tiene un costo que durante mucho tiempo no quise ver.

Mi agenda es intensa. Me levanto temprano, ayudo a mis hijos a estar listos para irse a la escuela, rezo, bajo al gimnasio, de ahí a la oficina. Salgo a comer, regreso a la oficina, y finalmente vuelvo a casa, al momento más importante del día. El momento en que puedo ver a mis hijos. Pero llego fundido. Pensando en lo que pasó, en lo que pude hacer, en lo que haré al día siguiente. Y mis hijos están ahí. Sentados en la mesa. Cenando. Esperando a que su papá regrese y esté con ellos unos minutos antes de dormir.

Y mi cuerpo está presente. Pero mi mente está volando.

NO NECESITÓ DESTRUIRTE. SOLO DISTRAERTE.

Ha habido ocasiones como cuando en una película, la imagen se ve pero se escucha un zumbido y las personas hablan y no se escuchan. Así, mis hijos me hablan y yo estoy en otro lugar. Me preguntan algo y respondo en automático. Están ahí, frente a mí, con toda su dulzura, con toda su inocencia, con todo su amor — y yo estoy pensando en un negocio, en un problema, en algo que no tiene ni una fracción de la importancia de lo que tengo enfrente.

Y de pronto me llega un pensamiento. Como un golpe. Viendo sus caras. Viendo cómo me miran. Viendo cómo me hablan con esa pureza que solo un hijo puede tener. Y me digo: "Tonto, ¿qué haces? Lo único que importa es este momento. Lo único real es ahora mismo. Y no lo estás viviendo".

No lo puedo negar — es algo que me ha costado mucho trabajo. Soy esa persona que está siempre en todo. Que responde rápido. Que resuelve. Que no para. Pero hay veces que se me olvida estar en lo más importante. Y reconocerlo duele. Porque no es falta de amor. Es exceso de ruido. Un ruido que yo mismo genero con mi forma de vivir.

Las caras de mis hijos me regresan al momento. Su inocencia, su amor, la forma en que me buscan sin condiciones — eso tiene el poder de traerme de vuelta al presente como nada más puede. Aunque no siempre. Y no es fácil. Porque el músculo de estar ausente se fortalece cada vez que lo ejercitas — y yo lo he ejercitado durante años.

Y descubrí algo que no esperaba encontrar donde lo hallé. Un día a la semana me desconecto de todo. Al principio lo hacía por tradición. Con el tiempo entendí que no era una restricción, más bien — era lo único que me obligaba a parar. A sentarme a la mesa sin teléfono, sin agenda, sin la voz que me dice que debería estar haciendo algo más productivo. Un día en el que no hay nada que resolver. Solo estar. Con ellos. De verdad. Y cada semana, cuando llega, me doy cuenta de cuánto me hacía falta lo que ya tenía enfrente. No siempre lo logro del todo. Pero es el único momento de la semana donde al menos lo intento de verdad.

Mientras leías esto, ¿dónde estaba tu mente?

¿Estás aquí?

EL TEMPLO

• • •

Creerías que aquí viene un concepto religioso.
Pero no.

Eres un vehículo. En ti conviven lo mundano y lo divino. Tu cuerpo no es un accesorio del alma — es su hogar. Es el espacio donde lo espiritual se manifiesta, donde la mente opera, donde todo lo que crees y todo lo que sueñas tiene que ejecutarse. Sin él, nada de lo que está en este libro es posible. Un alma brillante dentro de un cuerpo que no funciona es como tener el mejor motor del mundo en un coche sin ruedas.

Tenía treinta y tres años. Recién terminaba la pandemia — un periodo de sedentarismo absoluto donde todo se reducía a estar en casa, pensar en comer y en cómo sobrevivir el encierro. Cuando por fin volví a la oficina y a la rutina, algo pasó que no esperaba. Un día, escribiendo un *email*, empecé a notar que mi meñique hacía movimientos extraños. Al principio no le di importancia. Hasta que la sensación se volvió insoportable. Fui al doctor y me dijo con toda tranquilidad: "Tienes dedo de gatillo, te opero en quince minutos y listo". Salí confundido — sabía que tenía que atenderlo, pero no quería un procedimiento.

Esa misma semana — porque ya sabemos que las casualidades no existen — mi hermano me dijo: "Vente a entrenar mañana conmigo". Mi respuesta automática fue: "No. No tengo tiempo. Mi agenda está llena. Tengo mil cosas que hacer". Pero dije que sí. Y fui. Comencé cargando mancuernas ridículamente ligeras. No podía hacer presión porque mi dedo enloquecía con cada agarre. Mi entrenador me miró y me dijo algo que me cambió la perspectiva: "No tienes ningún problema, solo falta de fuerza". Ese día me hice una promesa: soy muy joven para estar tan viejo. Y de ahí no he parado.

Lo que empezó como un tema físico se convirtió en una de las experiencias de aprendizaje más profundas de mi vida. El entrenamiento físico me enseñó cosas que no esperaba encontrar en un lugar con pesas y espejos. Me enseñó que la lucha es diaria y que el objetivo siempre está más allá de donde crees que está. Que el progreso es lento — brutalmente lento — y que el trabajo se acumula en silencio durante semanas y meses antes de que puedas ver un solo resultado. Haces todo bien y no pasa nada. Tu cuerpo no cambia. Tus números no suben. Y algo dentro de ti quiere rendirse porque la evidencia todavía no aparece. Pero si te quedas — si no sueltas, si confías en el proceso — un día todo empieza a moverse.

Pasados unos meses le pregunté a mi entrenador con toda la ilusión del mundo: "¿Crees que para el verano ya tenga el físico que quiero?" Me miró y me contestó con una honestidad que me dejó mudo: "Sí, yo creo que en verano. Dentro de cuatro años".

Pero el entrenamiento no es solo físico. La mente se entrena con la misma disciplina que el cuerpo — y responde a las mismas leyes. La mente que no se desafía se atrofia igual que el músculo que no se usa. El entrenamiento mental es leer cuando podrías estar en el teléfono. Es estudiar cuando nadie te obliga. Es un acto de voluntad diario que nadie aplaude pero que todo lo sostiene. Y los resultados no son inmediatos. Pero un día te das cuenta de que piensas diferente, de que reaccionas de otra manera, de que ves cosas que antes no veías — y entiendes que fue el entrenamiento silencioso de todos esos días lo que te llevó hasta ahí.

Después de meses entrenando, todo cambió. No solo mi cuerpo — mi vida entera. Sentía que por primera vez estaba haciendo algo por mí. Por mi bienestar. Por mi vitalidad. De pronto todo era más claro. Más energía. Mejor sueño. Mejores decisiones. El cuerpo y la mente no están separadas — son la misma cosa operando en diferentes frecuencias. Cuando el cuerpo funciona, la mente vuela. Cuando el cuerpo está abandonado, la mente se arrastra. Estoy escribiendo este concepto mientras camino en la caminadora — porque las mejores ideas no llegan sentado en un escritorio. Llegan caminando, corriendo, empujando. Como si el cuerpo necesitara activarse para que el alma pueda hablar.

ETERNO

• • •

El día que te mueras, el mundo va a seguir girando.
La pregunta es si dejaste algo que gire con él.

Mi amigo Gabriel me contó que fue a un retiro. Los llevaron a un bosque, les vendaron los ojos y los guiaron en silencio hasta un escenario que nadie esperaba. Poco a poco, con los ojos todavía cerrados, les fueron describiendo una escena. Había gente reunida. Había silencio. Había llanto. Y entonces la instrucción: "Estás muerto. Esto es tu funeral. Todos los que amaste están aquí, frente a tu cuerpo. La pregunta es una sola: ¿qué están diciendo de ti?"

Cuando Gabriel me contó, sentí algo, un escalofrío que no era de miedo — era de duda. Una duda profunda, incómoda, que se metió adentro y no me dejó en paz. Llegué a mi casa y no pude dormir. Cerré los ojos y me vi ahí. Vi a mis papás. Vi a mis hijos. Vi a mis amigos. Los vi parados frente a mí dando sus discursos. Y lo único que me importaba — lo único — era saber qué estaban diciendo.

No tenía claro cuáles serían sus palabras. Y eso fue lo que más me sacudió. No sabía si el discurso iba a ser el que yo quería escuchar. No sabía si lo que estaba construyendo con mi vida era suficiente para que mis hijos dijeran lo que yo soñaba que dijeran. No sabía si mis amigos iban a hablar de algo que realmente importara o solo iban a decir que era buena persona.

Esa noche tomé una decisión. No voy a dejar que ese discurso sea cualquier cosa. Voy a hacer que sea perfecto. No perfecto para mi ego — perfecto en impacto. Que digan cuánto di. Que digan que los ayudé a ser mejores. Que digan que sigo vivo. Que sigo presente en cada decisión que toman, en cada valor que cargan, en cada momento que escuchan mi voz aunque yo ya no esté.

Esto no lo entendí con claridad de un día para otro. Fue una semilla que esa noche se plantó y fue creciendo hasta convertirse en convicción: mi propósito tiene que trascender. No se trata solo de mí. Nunca se trató solo de mí.

Y aquí es donde el Enemigo juega su carta más peligrosa. Te llena la vida de cosas que mueren contigo para que nunca construyas las que te sobreviven. El coche. El título. La cuenta de banco. Todo lo que se ve, se presume y se acaba. Te mantiene tan ocupado acumulando lo temporal que nunca te detienes a construir lo eterno.

La pregunta no es por qué estás aquí. La pregunta es para qué. Y la respuesta tiene que apuntar a algo más grande que tu propia vida. A la inmortalidad — no la del ego, sino la trascendencia.

Moisés. El rey Salomón. Personajes que caminaron por esta Tierra hace miles de años — y siguen vivos dentro de mí. Los conozco sin conocerlos. Y ellos me transformaron sin saber que existo. Están muertos — pero están más vivos que mucha gente que conozco, que respira todos los días y no deja huella en nada ni en nadie.

Eso es lo que significa ser eterno. No es vivir para siempre. Es construir algo que viva para siempre. Es preguntarte todos los días: ¿Lo que estoy haciendo hoy va a importar cuando yo ya no esté? ¿Estoy dejando valores o solo estoy dejando cosas? ¿Mis hijos van a heredar mi esencia o solo van a heredar mis propiedades?

Después de no poder dormir, vi a mis hijos a los ojos. Me miraban sin saber lo que yo estaba cargando — y en esa mirada entendí todo. Algo se movió dentro de mí. No puedo fallarles en esto. No puedo dejarles solo cosas. Tengo que dejarles mi presencia eterna. Así como yo la recibí de quienes me formaron, ellos tienen que recibirla de mí.

Mis hijos. Son la siguiente generación cosechando lo que sembré. No lo que les dije — lo que les mostré. No el discurso — el ejemplo. Cada valor que vive en ellos es un pedazo mío que no muere. Cada decisión que toman desde la integridad que les enseñé es mi voz hablando desde el futuro. Ese es el legado real. No cuánto tuve. Cuánto di. No cuánto acumulé. Cuánto inspiré. No qué tan lejos llegué yo. Qué tan lejos van a llegar ellos por lo que les dejé.

Tu discurso ya empezó a escribirse. Ahora cierra los ojos. Estás ahí. Tu familia, tus hijos, tus amigos — todos de pie frente a ti. ¿Qué están diciendo?

EL ESPACIO

• • •

Nadie está completo. Y lo sé.

No te di un libro terminado porque yo no estoy terminado.

Cada concepto que leíste es real — lo viví, lo pagué, lo aprendí. Pero hay cosas que todavía no he vivido. Errores que todavía no he cometido. Lecciones que todavía no han llegado.

La única manera de seguir creciendo es dejando espacio para crecer.

Por eso dejo un espacio.

El día que crea que ya no me falta nada — ese día lo perderé todo.

— ת —

CIERRE

Llegaste hasta aquí.

Reconoces la voz. La que te dijo que no te quitaras la máscara. Que no necesitabas a nadie. Que ya sabías suficiente. Que lo que sentías no era real. Que esperaras. Que te avergonzaras. Que ya no podías más. Que tenías tiempo. Que tu hijo podía esperar.

La escuchaste en cada sección. La sentiste en cada página. Es la misma voz. Siempre fue la misma.

La diferencia es que ahora la ves venir.

Y llegaste armado.

MI ESCLAVITUD

• • •

Lo que me hizo extraordinario me está robando lo extraordinario.

Hay una cosa que no he podido resolver. No la pongo para cerrar el libro con una lección. La pongo porque si no la digo, todo lo que leíste se quedaría incompleto.

Soy esclavo de querer saber más.

No es curiosidad sana. Esa ya lo tengo, y la celebro en este libro — la chispa que me dio mi papá un domingo en la biblioteca. Esta es su versión corrupta. La que se volvió cadena. La que ya no sirve al aprendizaje — me sirve a mí para no parar.

Necesito saber más. De todo. De los negocios que manejo. De los que todavía no manejo. De los mercados financieros. De la salud. De la alimentación. De mis suplementos. De los libros que debería leer. De lo que está pasando en México. De lo que está pasando en el mundo. Y como si eso fuera poco — también del desarrollo espiritual. Del siguiente maestro. Del siguiente texto. De la siguiente capa de entendimiento.

Necesito estar al pendiente de todos. De mi familia. De mis socios. De mis amigos. De quien me escribe por WhatsApp a las once de la noche. Necesito contestar. Necesito saber. Necesito estar ahí — aunque no esté aquí.

Y el vehículo siempre es el mismo. Un aparato que cabe en la mano.

Bien hecho. Sigue. Lee uno más. Contesta uno más. Investiga uno más. Todo es importante. Todo merece tu atención. Aprender nunca es perder el tiempo.

Mi esposa me lo dice todas las noches. Cuando deberíamos estar platicando. Conectando. Cuando ella lleva veinte minutos tratando de hablarme y yo sigo con la pantalla encendida.

—Amor, suelta el celular.

Lo bajo. Y a los tres minutos lo vuelvo a subir.

Mis hijos me lo dicen en la cena. No con palabras — con la mirada. Con la pregunta que me hacen dos veces porque no escuché la primera. Con el "Papá, ¿me estás oyendo?" que ya tuve que poner como sección completa en este libro. Escribí un capítulo entero sobre esto. Y sigo fallando.

Mis amigos me lo dicen los miércoles en *Fredo*. Cuando me ven voltear al celular en medio de la plática más importante de la semana. Cuando se callan a propósito para ver si reacciono al silencio o no. No siempre reacciono.

Mi hermano me lo dice en la oficina. En medio de una reunión nuestra — la nuestra, la que más vale, la del socio y del hermano al mismo tiempo — y me ve leyendo algo en la pantalla que no tiene nada que ver con lo que estamos hablando. No me reclama. Solo me ve. Esa mirada suya me duele más que cualquier reclamo.

Cuatro voces. Cuatro trincheras. Cuatro personas que me aman. Todas me están diciendo lo mismo.

Y yo no puedo.

-|ı|ı|ı-

NO ME TIENES QUE VENCER. YA GANÉ. LLEVO AÑOS GANANDO. CADA DÍA QUE PASA ME HAGO MÁS GRANDE DENTRO DE TI. CADA ARTÍCULO QUE LEES ME ALIMENTA. CADA MENSAJE QUE CONTESTAS TARDE EN LA NOCHE ME CONFIRMA. TÚ CREES QUE ESTÁS APRENDIENDO, CRECIENDO, CONSTRUYENDO. YO SÉ LO QUE ESTÁS HACIENDO.

ME ESTÁS SIRVIENDO.

No sé cómo resolver esto. Lo he intentado todo. Un día a la semana es perfecto. Pero sigo fallando.

Lo sé. Lo tengo presente. Cada vez que mis hijos me hablan y yo no estoy, lo sé. Cada vez que mi esposa se queda callada por no pelear, lo sé. Cada vez que mi hermano me mira en la oficina, lo sé. Cada vez que levanto el celular a las seis de la mañana antes de rezar, lo sé.

Y sigo perdiendo la batalla. Cada día. Todos los días.

La misma chispa que me hizo ser quien soy se volvió la cadena que me impide estar con los que amo. La misma curiosidad que me permitió construir todo lo que construí es la que no me deja disfrutarlo.

Lo que me hizo extraordinario me está robando lo extraordinario.

Y no sé cuándo — o si — voy a ganar esta.

JAI = 18

• • •

Mi código. No el código. El mío.

Todo lo que leíste en estas páginas —las historias, los errores, las preguntas, el fuego— vive en estos dieciocho principios que no salieron de una teoría. Los aprendí, los observé, los descubrí, los aprecié. Algunos me costaron todo. Otros me los enseñaron. Otros me los regaló la vida cuando dejé de buscarlos.

Los pongo por escrito porque necesito saber siempre lo que defiendo y en lo que creo. Porque si me pierdo, quiero saber a dónde regresar. Y porque cuando defines en lo que crees, tu visión se vuelve implacable.

Si alguno te sirve, tómalo. Si alguno te confronta, cuestiónalo. Y si al terminar de leerlos sientes que falta algo —es porque falta lo tuyo.

Lo pongo para mí y para impulsarte a ti a crear el tuyo. Y si algún día descubres el código para una vida extraordinaria, nunca dejes de compartirlo.

I. DIOS

Dios es mi principio y mi fin. Sin Él, nada de lo que está en estas páginas existiría.

Todo lo que construyo es sobre Su Reino. Todo lo que doy viene de lo que Él me dio primero. Dios no necesita un templo de piedra. Necesita que yo me convierta en uno. Este es el principio que sostiene a todos los demás. Si este se cae, se caen todos.

—

II. LIBERTAD

Ser libre no es hacer lo que quiera.
Es poder elegir quién quiero ser.

Sin libertad, mis valores no son una elección — serían una imposición. Sin libertad, mi fe no es convicción — es costumbre. Un río sin orillas no es libre — es un pantano. Prefiero construir menos siendo libre que construir más siendo rehén. Y la libertad más importante es la que casi nadie menciona: poder decir que no.

—

III. FAMILIA

Todo lo que hago empieza y termina en ellos.

Antes de ser padre, soy esposo. Antes de ser esposo, soy persona. Mis hijos no van a aprender a amar de un libro — van a aprender viendo cómo trato a su madre. No construyo nada más para mí. Construyo para que cada generación reciba más de lo que la anterior tuvo. Lo que hoy siembro lo cosechará alguien que todavía no ha nacido. Y lo que soy hoy lo sembraron otros antes que yo.

IV. SABIDURÍA

El conocimiento me dice cómo hacer las cosas.
La sabiduría me dice cuáles vale la pena hacer.

Salomón pudo pedir todo. Pidió discernimiento. Y recibió todo lo demás por añadidura. La sabiduría no se estudia — se vive. No se acumula — se destila. El mundo corre. El sabio camina y siempre llega primero.

V. GRATITUD

La gratitud no es un sentimiento. Es una decisión diaria que me protege del veneno más silencioso del éxito: dar por hecho lo que tengo.

Esto también pasará. En la adversidad, esa frase me sostiene. En el éxito, me protege. Cuando dejo de agradecer lo que tengo, termino necesitando más para sentir lo mismo. Hay quien tiene mucho. Yo tengo todo. No porque tenga más que nadie — sino porque dejé de contar.

VI. INTEGRIDAD

No me importa cuánto gano.
Me importa cómo duermo.

Si un negocio me pide doblar las reglas, no es mi negocio. Si ganar me pide perderme a mí mismo, prefiero perder. El día que mis hijos me pregunten por qué hice lo que hice — que la respuesta sea simple.

VII. DISCIPLINA

Lo que hago cuando nadie ve es lo que define todo lo que soy.

Lo que es fácil hacer también es fácil no hacer. Agradecer al despertar es fácil. No hacerlo también. Estar presente con mis hijos es fácil. Revisar el teléfono también. La diferencia entre vivir mis valores y solo enmarcarlos está en lo que hago cuando tengo la opción de no hacer nada.

—

VIII. RESPONSABILIDAD

La responsabilidad no es mi carga. Es mi privilegio.

Quiero cosas grandes. Por eso cargo cosas grandes. Podría detenerme mañana — puesto que nadie me obliga a seguir. Pero el día en que nadie dependa de mí, el día que nada de lo que haga afecte a nadie — ese día no seré libre. Seré irrelevante. El mundo ve la carga. Yo veo el honor de poder cargarla.

—

IX. DESARROLLO PERSONAL

Si dejé de crecer, ya empecé a morir.

Todo lo externo es un reflejo de lo interno. Mi negocio crece cuando yo crezco. Mi familia mejora cuando yo mejoro. No hay punto de llegada. No hay momento donde pueda decir "Ya estoy listo". El contenedor que soy hoy no es suficiente para lo que quiero cargar mañana.

—

X. ABUNDANCIA

La abundancia ya está ahí. Solo espera que la deje entrar.

Cuando doy con miedo, recibo con cuentagotas. Cuando doy con convicción, se abren compuertas que no sabía que existían. Una vela que prende a otra no se apaga. Nunca decido desde el miedo. Siempre desde la confianza. Doy primero. Siempre. Sin cuentas. Sin miedo.

—

XI. JUSTICIA

Persigo la justicia. Todo lo demás se acomoda solo.

Lo correcto es correcto aunque me cueste. Lo correcto es correcto aunque nadie lo vea. Lo correcto es correcto aunque el mundo entero haga lo contrario. Soy un canal — lo que llega a mis manos no se queda en mis manos. Pasa a través de ellas. El canal que se mantiene abierto siempre tiene agua pasando.

XII. IDENTIDAD

No vine a encajar. Vine a ocupar un lugar que solo yo puedo ocupar.

Nimrod construyó con ladrillos porque necesitaba que nadie importara. Salomón construyó con piedras porque sabía que la fuerza del todo depende de la singularidad de cada uno. El mundo me midió con la misma vara que a todos — y cada vez que no encajé, me hizo sentir incompleto. Pero mi forma no es un defecto. Es mi aportación. Mis cicatrices, mi manera de pensar, lo que me duele, lo que me enciende — eso es lo que nadie más puede dar. El día que intento ser ladrillo, pierdo lo único que me hace irremplazable.

XIII. LEALTAD

La lealtad no se promete. Se demuestra. Todos los días. Especialmente cuando cuesta.

El honesto te critica en público. El leal te confronta en privado. La honestidad sin lealtad es crueldad disfrazada de virtud. La lealtad tiene memoria — recuerda quién estuvo, quién apostó, quién se quedó. No pregunto cuánto dura. Ya decidí que es para siempre.

XIV. PACIENCIA

La paciencia no es esperar. Es construir mientras espero.

No creo que el resultado vaya a llegar. Lo sé. Y esa certeza me hace imparable. Cuando todo parece detenido, yo sigo. Cuando la tentación es el atajo, yo camino la ruta completa. Y un día todo da fruto al mismo tiempo. Si soy paciente, soy peligroso.

XV. HUMILDAD

Humildad no es sentirme menos. Es saber exactamente lo que soy — y aun así inclinarme.

Moisés habló con Dios cara a cara y las Escrituras lo llaman el hombre más humilde de la Tierra. No a pesar de su grandeza — junto con ella. El arrogante entra a un cuarto y piensa: "Aquí estoy yo". Yo entro al mismo cuarto y pienso: "Aquí están ellos".

XVI. PLENITUD

La plenitud no es la ausencia de problemas. Es la presencia de equilibrio.

De nada sirve construir un imperio si no tengo la salud para vivirlo, la paz para disfrutarlo, ni las personas con quienes compartirlo. La plenitud no se encuentra. Se construye. Todos los días. En todas las direcciones.

XVII. ESTILO DE VIDA

Mi estilo de vida no es lo que tengo.
Es lo que elijo hacer con lo que tengo.

Mis hijos no van a recordar cuánto gané. Van a recordar cómo viví. Las cenas. Los viajes. Las tradiciones. Los momentos que creé con intención. Disfruto sin culpa lo que construí con trabajo honesto. No copio la vida de nadie. Diseño la mía.

XVIII. TRASCENDENCIA

No se trata de mí. Nunca se trató de mí.

No soy escritor. No soy gurú. No soy maestro. Soy un hombre que se niega a que todo lo que vivió, aprendió y pagó muera con él. Soy polvo — y al mismo tiempo el fin de la creación. Vivo de tal forma que nunca muera.

EL MANIFIESTO JAI

• • •

I. Todo viene de Dios. Todo vuelve a Dios. Sin Él, nada.

II. Soy libre. No porque hago lo que quiero — sino porque puedo elegir.

III. Mi familia es mi principio, mi motor y mi destino.

IV. El mundo corre. El sabio camina. Y siempre llega primero.

V. Hay quien tiene mucho. Yo tengo todo.

VI. No me importa cuánto gano. Me importa cómo duermo.

VII. Lo que hago cuando nadie me ve es lo que define todo lo que soy.

VIII. El mundo ve la carga. Yo veo el honor de poder cargarla.

IX. El contenedor que soy hoy no es suficiente para lo que quiero cargar mañana.

X. Doy primero. Siempre. Sin cuentas. Sin miedo.

XI. Persigo lo correcto. Todo lo demás se acomoda solo.

XII. Soy piedra, no ladrillo. Mi forma es mi fuerza.

XIII. No pregunto cuánto dura. Ya decidí que es para siempre.

XIV. Si soy paciente, soy peligroso.

XV. Aprendo de todos. De todo. Siempre.

XVI. De nada sirve construir un imperio si no puedo disfrutarlo.

XVII. No copio la vida de nadie. Diseño la mía.

XVIII. Vivo de tal forma que nunca muera.

ELIGE LA VIDA

• • •

"Te he puesto delante la vida y la muerte, la bendición y la maldición. Elige la vida".

— Deuteronomio 30:19

Llegamos al final del libro y todavía no te dije lo más importante.

Todo lo que leíste — los principios, las historias, el código — descansa sobre dos pilares que no pueden separarse. Sin ellos, cada capítulo de este libro es un buen consejo más. Con ellos, es una forma de vivir.

Los dos pilares son la verdad y la libertad.

La verdad es lo que es. La libertad es lo que haces con lo que es.

Sin verdad, la libertad es una ilusión. Crees que eliges, pero eliges entre mentiras. Crees que decides, pero decides sobre datos falsos. El que vive en la mentira no es libre — es manipulable. Puede creer que manda, pero lo mandan. Puede creer que elige, pero lo eligieron. Eso no es libertad. Es una cadena con el eslabón más seductor de todos: la cadena que crees que no existe.

Por eso van juntas. Siempre. Son un sello.

En hebreo, la palabra verdad es *Emet.* Los Sabios dicen que *Emet* es una de las firmas de Dios, porque sus letras — *alef, mem, tav* — son la primera, la del medio y la última del alfabeto. La verdad abarca todo. De principio a fin. No hay zona que la verdad no toque.

Yo no lo entendí leyendo. Lo entendí viviéndolo.

Lo entendí esa mañana en la sala de juntas cuando me pidieron presentar un 18% que no existía, y yo presenté el 11% que sí. Eso fue verdad. Y fue libertad. No porque me sintiera valiente — porque no tenía más opción que yo mismo. Si hubiera dicho 18%, habría sido alguien que se parece a mí pero responde a otro amo.

Lo entendí el día que Yasser me dijo que mi valor más alto aún no estaba definido. Llevaba años persiguiendo seguridad y no podía ver que lo que buscaba era otra cosa. Cuando por fin nombré la palabra correcta — libertad — todo se acomodó. No cambió nada afuera. Cambió todo adentro. Porque le puse el nombre verdadero a lo que siempre había sido.

Lo entendí en *Mi esclavitud*, hace unas páginas, cuando me obligué a escribir lo que no he podido resolver. Callarlo habría sido otra mentira. Y una mentira más, a estas alturas, sería más cadena.

Cada momento importante de mi vida ha sido, en el fondo, el mismo: un instante en que vi lo que era, lo nombré, y al nombrarlo y elegir, quedé libre.

La verdad tiene un costo. Decir la verdad cuesta amistades, clientes, marcas, comodidades. Vivir en la verdad cuesta confort. Por eso la mayoría no paga el precio. Prefiere la mentira cómoda. Y vive una vida entera en una cárcel tan bien decorada que nunca la reconoce como cárcel.

No te voy a engañar: yo también he mentido. Cada vez que pospuse una conversación difícil. Cada vez que racionalicé una decisión que sabía equivocada. Cada vez que dejé pasar algo por miedo a confrontarlo. Todas esas fueron pequeñas cadenas. Invisibles. Acumulables. Hasta que un día te despiertas enredado en las que tú mismo fabricaste.

Liberarse empieza siempre por la verdad. Primero la verdad con uno mismo — la más difícil de todas. ¿Qué estoy haciendo que no quiero estar haciendo? La respuesta a esta pregunta es el primer eslabón. Lo rompes — y empieza todo.

Hay muchas libertades. Te las nombro porque si no las ves, no las defiendes:

La **libertad interior** — Vivir sin mentirte. Esta es la madre de todas. Sin ella, las demás son decoración.

La **libertad intelectual** — Pensar sin permiso. Cuestionar lo dado. No aceptar una idea solo porque otros la repiten. Es la chispa que no se deja apagar.

La **libertad de decir no** — Quizás la más poderosa. El "no" es la frontera que protege a todas las demás.

La **libertad de soltar** — Saber cuándo abrir la mano. Quien no sabe soltar termina atrapado por lo que sostiene.

La **libertad de ser uno mismo** — Piedra, no ladrillo. Con la forma que nadie más tiene.

La **libertad de elegir ver a Dios** — Abrir los ojos a Su mano en lo cotidiano. No es obligación ni costumbre. Es decisión diaria. Y es la única libertad que, paradójicamente, se gana entregándose.

Todas esas libertades dependen de una sola cosa: la verdad. Si no te dices la verdad, no puedes vivir ninguna. Si te la dices, no puedes vivir sin ellas.

Por eso este es el sello. Porque cuando juntas verdad con libertad, lo que sale no es una vida ordinaria. Es la marca que garantiza que lo que tienes en la mano es real. Tu carácter. Tu palabra. Tu vida. Auténtica. No imitación.

Ahora te digo algo que creo con toda mi alma, y que puede ser lo más importante de este libro entero:

De todo lo que hablamos, la libertad es lo más importante.

Dios nos dio el don de poder elegir. Ese don es lo más alto que podemos recibir. Si no lo ejercemos, no lo estamos honrando. Y si lo ejercemos sobre la mentira, lo estamos desperdiciando.

La vida real empieza ahí. No en lo que tienes. No en lo que construiste. No en lo que logras. Empieza en el momento en que eliges — con verdad, en libertad, conscientemente.

El verso lo dice simple: "Te he puesto delante la vida y la muerte, la bendición y la maldición". Las opciones están. Siempre están. Dios no pide que elijas correctamente por suerte. Pide que elijas.

Elige la vida.

No la existencia. No la rutina. No la versión cómoda y miedosa de estar vivo que el mundo te ofrece como consolación. Elige la vida que valga la elección. La que sostengas con verdad todos los días. La que te cueste, porque lo que vale cuesta. La que puedas mirar a los ojos al final.

Y que nadie — ni tú mismo — te quite la libertad de elegirla.

UNA VIDA EXTRAORDINARIA

• • •

¿Qué es una vida extraordinaria?
No lo sé. Pero sé que la mía no la quiero ordinaria.

Esa pregunta me persigue. Llegó un día y no se fue. Vive conmigo. Me acompaña cuando me despierto, cuando tomo decisiones, cuando estoy con mis hijos, cuando me quedo solo en silencio. No tengo la respuesta. Y ya dejé de buscarla como si fuera un destino al que se llega.

Porque sé lo que no quiero.

No quiero una vida en automático. No quiero despertar un día con sesenta años y darme cuenta de que viví la vida que alguien más diseñó para mí. No quiero llegar al final y descubrir que nunca me hice las preguntas que importaban. No quiero la comodidad que mata lentamente. No quiero la seguridad que se disfraza de vida pero que por dentro está vacía.

Y tú — ¿qué es lo que no quieres?

¿Cuántos días llevas viviendo sin preguntártelo? ¿Cuántas mañanas despertaste, cumpliste, produjiste, resolviste — y te acostaste sin haber sentido nada? ¿Cuántas veces dijiste "cuando logre esto, entonces sí voy a vivir" — y cuando lo lograste moviste la meta? ¿Cuántas versiones de ti mismo has enterrado para caber en lo que se esperaba de ti?

¿Es esta la vida que viniste a vivir?

Respóndete a ti. No a mí.

Porque la vida ordinaria no se siente mal. Esa es la trampa. Se siente cómoda. Se siente segura. Se siente razonable. Paga las cuentas. Tiene vacaciones. Tiene logros que puedes contar. Pero no tiene fuego. No tiene esa cosa que te despierta a las cinco de la mañana sin alarma porque hay algo adentro que necesita salir. No tiene esos momentos donde estás tan presente que el tiempo desaparece. No tiene la incomodidad sagrada de saber que puedes más — y negarte a conformarte con menos.

¿Cuándo fue la última vez que sentiste fuego?

He visto gente con todo lo que el mundo mide que vive la vida más ordinaria que existe. Y he visto gente con casi nada que vive con una intensidad que te sacude. La diferencia no está en lo que tienen. Está en si están despiertos o dormidos. Está en si eligieron cómo vivir — o dejaron que la vida los viviera a ellos.

¿Tú elegiste? ¿O te fuiste acomodando?

Para mí — hoy, con lo que sé, con lo que he pagado — una vida extraordinaria no es una fórmula. Es una colección de momentos vividos con todo. Con presencia. Con las personas correctas. Con un código que te sostiene cuando nada más lo hace. Es la disciplina de preguntarte todos los días cómo ser mejor. Es la valentía de mirarte al espejo y no mentirte. Es la fe de confiar cuando no entiendes. Es la paz de saber que diste todo aunque no haya sido perfecto.

Y es una decisión. No un resultado. No algo que llega cuando las condiciones se alinean. Una decisión que tomas hoy — con lo que tienes, donde estás, como eres. La vida extraordinaria no está al final del camino. Es el camino.

Escribí este libro porque me niego a vivir en ordinario. Porque creo que cada persona tiene dentro la capacidad de vivir algo que lo trascienda — no como fantasía, sino como decisión diaria. No necesitas todas las respuestas. Yo no las tengo. Pero necesitas las preguntas. Y la más importante siempre será la misma:

¿Cómo quieres vivir?

No esperes la fórmula. No existe. Pero el acto de negarte a vivir dormido, de exigirte más, de construir tu propio código y defenderlo con todo lo que tienes, de levantarte cada día y elegir vivir despierto — eso, en sí mismo, ya es extraordinario.

TU TURNO

• • •

Este libro no es el final. Es el punto de partida.
Ahora te toca a ti.

Todo lo que leíste es lo que yo creo. Lo pagué con experiencia, con errores, con fe. Es mi verdad — y me costó. Pero es mía. No tiene por qué ser la tuya.

Si este libro te enseñó algo, que sea esto: no aceptes nada sin pasarlo por tu propio filtro. Ni siquiera lo que aquí se dice. Cuestiona cada principio. Lo que sobreviva a tu cuestionamiento honesto será tuyo de verdad. Lo que no, nunca lo fue. Mi deseo no es que repitas lo que aquí se dijo — es que te inspire a construir lo tuyo.

Un código que se hereda sin cuestionarse es una tradición. Un código que se cuestiona se elige y se adopta con convicción es una filosofía. Estas páginas son una invitación — no un dogma.

Si llegaste hasta aquí, ya sé algo de ti. No eres alguien que se conforma. No llegaste a este libro buscando comodidad — viniste buscando algo que no sabes exactamente cómo nombrar. Eso ya te hace diferente.

Ahora te toca a ti. Escribe tu propio código. Vive tu propia filosofía. Y cuando llegue el momento, pásala hacia adelante. Esa es la cadena que nunca se debe romper — no la repetición de las mismas palabras, sino el acto de cada generación de detenerse a pensar qué cree, por qué lo cree, y cómo quiere vivir.

EL ESPEJO

• • •

Estas preguntas no tienen respuesta correcta.
Tienen tu respuesta.

¿Caminas solo — o sabes que alguien camina contigo?

¿Estás viviendo la vida que elegiste — o la que te fue tocando?

¿Qué te da más miedo: fracasar o darte cuenta de que nunca lo intentaste de verdad?

Si tus hijos vivieran exactamente como tú vives hoy — ¿estarías orgulloso?

¿Qué estás esperando que pase para empezar a vivir como quieres?

¿Lo que llamas prudencia es realmente sabiduría — o es miedo con un buen disfraz?

¿Qué va a quedar de ti cuando ya no estés?

¿A quién le debes una conversación que llevas meses evitando?

Si te quitaran todo mañana — el negocio, el título, la cuenta — ¿quién serías?

¿Cuánto de lo que haces es tu decisión — y cuánto es inercia?

¿Estás rodeado de personas que te retan — o de personas que te aplauden?

¿Qué pesa más: lo que cargas — o lo que no te atreves a soltar?

¿Das porque te sobra — o primero das?

¿Dejaste de crecer — o solo dejaste de notar que dejaste de crecer?

¿A qué le estás diciendo que sí por no tener el valor de decir que no?

¿Estás despierto — o solo tienes los ojos abiertos?

¿Qué harías diferente si supieras que alguien que amas está aprendiendo de ti en silencio?

¿Estás aquí?

Este libro se acaba aquí. Tu código empieza ahora.

Toma una hoja. Elige tres preguntas, las que más te dolieron. Escribe tu respuesta. Esa es la primera página de tu código.

ANTES DE TERMINAR

Este libro es lo que he alcanzado a ver de la verdad — no la verdad entera.

Lo que está aquí es mi experiencia, contada como yo la recuerdo. Este no es un libro sobre las personas que aparecen en él. Es un libro sobre lo que ellas me enseñaron.

Lo que cuento sobre la salud, la mente, el dinero o la fe es lo que a mí me funcionó — no una receta para nadie más.

Y lo que escribo sobre Dios y sobre la fe es mi forma de creer — no la de ninguna comunidad ni institución. Hablo solo por mí.

Esta es mi visión de la vida a los treinta y siete años. No porque la verdad cambie — la verdad no cambia. Cambio yo: lo que alcanzo a ver de ella, lo que logro nombrar. Dentro de diez años entenderé más, y algunas de estas páginas las escribiría distinto. No porque hoy sean incorrectas, sino porque mañana estaré más cerca. Tómalas como lo que son — una foto del camino, no el final del camino.

AGRADECIMIENTOS

Nada de lo que escribí aquí es solo mío.

Cada historia tiene a alguien del otro lado. Cada principio se aprendió con ayuda. Cada página fue posible porque alguien estuvo — a veces sin saber que estaba ayudando, a veces sabiendo exactamente que lo hacía.

A Dios, antes que nada y después de todo. Por el don de poder elegir. Por cada momento que parecía un error y era parte de algo que yo todavía no podía ver. Por sostenerme cuando creí que me sostenía yo solo.

A mi esposa. Por lo que dijiste durante años y tardé tanto en escuchar. Por ver lo que yo no veo. Por hacerme mejor con tu sola presencia.

A mis hijos. Por enseñarme cada día que el amor más grande es el que más me exige. Por las preguntas que me hacen dos veces. Por la mirada que me regresa al presente.

A mi hermano. Socio, cómplice, espejo. Por caminar conmigo todos los días. Por cargar lo que juntos cargamos. Por esa mirada tuya que dice más que cualquier reclamo.

A mis hermanas. Por la sangre, que es lo primero. Por los años compartidos. Por ser la tribu que no se escoge pero que Dios da.

A mis papás. Por lo que me dieron — que fue mucho más de lo que imaginaron. Por las chispas que encendieron sin medir el fuego.

A mis amigos. A los de siempre. A los de la trinchera. A los que me llaman sin esperar nada. A los que se sientan conmigo los miércoles. A los que saben qué decir y también a los que saben cuándo callarse.

A mi familia. La de sangre y la que se volvió sangre. A los abuelos, suegros, cuñados. A los que llegaron por matrimonio y se quedaron por elección. A la casa que se llena cuando nos juntamos. A la red que me sostiene, aunque no la vea.

A todos los que aparecen en estas páginas. Con o sin nombre. Cada uno fue un maestro. Cada uno dejó algo.

A los que no aparecen, pero están. Tantos. Los que sostuvieron sin que yo lo notara. Los que me corrigieron con paciencia. Los que rezaron por mí sin decírmelo. Los que ya no están en este mundo, pero siguen en mi vida. Los que todavía no llegan pero que de alguna manera también me acompañan.

A cada experiencia. A las buenas, por obvias. Y a las duras, por lo que me enseñaron que las buenas no pudieron.

A cada momento. Al que me levantó y al que me puso de rodillas. Al que me hizo reír y al que me hizo llorar. Al que entendí en su hora y al que todavía estoy entendiendo.

Y a ti, que llegaste hasta aquí. Que abriste este libro y lo terminaste. Que confiaste tu tiempo — que es lo más valioso que tenemos — en mis palabras. Si algo de lo que leíste te sirvió, ya valió la pena. Si nada te sirvió, gracias por haberlo intentado.

Nada es solo mío. Todo es regalo de Dios.

¡Gracias!

Made in the USA
Coppell, TX
25 June 2026

83132215R10163